teach yourself®

turkish
david pollard and
asuman çelen pollard

For over 60 years, more than
50 million people have learnt over
750 subjects the **teach yourself**
way, with impressive results.

be where you want to be
with **teach yourself**

For UK order enquiries: please contact Bookpoint Ltd, 130 Milton Park, Abingdon, Oxon, OX14 4SB. Telephone: +44 (0) 1235 827720. Fax: +44 (0) 1235 400454. Lines are open 09.00–17.00, Monday to Saturday, with a 24-hour message answering service. Details about our titles and how to order are available at www.teachyourself.co.uk

For USA order enquiries: please contact McGraw-Hill Customer Services, PO Box 545, Blacklick, OH 43004-0545, USA. Telephone: 1-800-722-4726. Fax: 1-614-755-5645.

For Canada order enquiries: please contact McGraw-Hill Ryerson Ltd, 300 Water St, Whitby, Ontario, L1N 9B6, Canada. Telephone: 905 430 5000. Fax: 905 430 5020.

Long renowned as the authoritative source for self-guided learning – with more than 50 million copies sold worldwide – the **teach yourself** series includes over 500 titles in the fields of languages, crafts, hobbies, business, computing and education.

British Library Cataloguing in Publication Data: a catalogue record for this title is available from the British Library.

Library of Congress Catalog Card Number: on file.

First published in UK 1996 by Hodder Education, part of Hachette Livre UK, 338 Euston Road, London, NW1 3BH.

First published in US 1996 by The McGraw-Hill Companies, Inc.

This edition published 2003.

The **teach yourself** name is a registered trade mark of Hodder Headline.

Typeset by Transet Limited, Coventry, England.
Printed in Great Britain for Hodder Education, part of Hachette Livre UK, 338 Euston Road, London, NW1 3BH, by Cox & Wyman Ltd, Reading, Berkshire.

The publisher has used its best endeavours to ensure that the URLs for external websites referred to in this book are correct and active at the time of going to press. However, the publisher and the author have no responsibility for the websites and can make no guarantee that a site will remain live or that the content will remain relevant, decent or appropriate.

Hachette Livre UK's policy is to use papers that are natural, renewable and recyclable products and made from wood grown in sustainable forests. The logging and manufacturing processes are expected to conform to the environmental regulations of the country of origin.

Impression number   10 9
Year   2009 2008

iii

contents

introduction	vi
the Turkish language	x
the alphabet and pronunciation	xiii
pronunciation practice – survival guide	xvi

01	**ekmek var mı?** *is there any bread?*	1
	exchange greetings and farewells; ask for goods in shops; ask simple questions and make simple statements	
02	**İngiliz misiniz?** *are you English?*	11
	address people; request and give personal details; count; use the Turkish for *am, are* and *is*	
03	**daha koymayın, lütfen!** *no more, please!*	24
	order a meal; tell someone what to do; give simple directions	
04	**şaka yapıyorsunuz!** *you're joking!*	39
	say what is happening; talk about your daily routine; say what will happen shortly; say what belongs to whom; say what you have and what you want	
05	**çok beklediniz mi?** *have you been waiting long?*	54
	make introductions and be introduced; talk about the past; say what has happened; tell the time	
06	**yarın erken kalkacağım** *I'll get up early tomorrow*	68
	talk about the future; make suggestions; say where things are in relation to each other	
07	**yardım eder misiniz?** *would you help me?*	85
	make requests; state intention and willingness; tell stories and jokes	

08   **nereye gidelim? ne yapabiliriz?**
      where shall we go? what can we do?   99
      make exclamations; express possibility; make
      suggestions; offer to do something; compare things

09   **neler yapmayı seviyorsunuz?**
      what do you like doing?   115
      express obligation; talk about likes and dislikes;
      give advice

10   **eğer geçmezse, ilaç veririm**
      if it doesn't get better, I'll give you some medicine 130
      say what will happen if something else happens;
      say what you need; give advice; say how long
      something has been going on

11   **sizce çok sakin bir yermiş!**
      you said it was a very quiet place!   144
      make complaints; apologize; report what someone
      else has said; say what you expect to have happened

12   **aradığınız numara yanlıştır**
      the number you have dialled is incorrect   156
      make official announcements; make sentences
      with the equivalent of *which* or *that*

13   **ne olduğunu anlatır mısınız?**
      could you tell me what happened?   170
      say what was happening; say what had happened
      previously; say what someone reported or heard
      about an event

14   **güldürme beni!** *don't make me laugh!*   182
      express surprise; say what used to happen;
      talk about having things done; say when, where
      and how something happened

15   **burası ne zaman inşa edilmiş?**
      when was this place built?   196
      say what was done and by whom; say what was
      going to happen; build new vocabulary using
      specific word endings

fiyatları bilseydim orada yemezdik
*if I had known about the prices we wouldn't
have eaten there*   211
say what you would do in an unlikely situation;
say what you would have done if things had been
different; express regret; build new vocabulary
using specific word endings

taking it further   225
progress test   229
key to the exercises   232
key to the progress test   238
grammar reference   241
Turkish–English glossary   244
English–Turkish glossary   257
index of language points   268

About the authors

David Pollard was born in northern England. After teaching English in Switzerland, Bulgaria and Turkey, he spent a decade producing educational software before moving into medical education.

Asuman Çelen Pollard spent many years in Istanbul teaching both English and Turkish as a foreign language. She taught Turkish for 12 years as a degree course and to adults at a well-known British university. She is the author of *Teach Yourself Beginner's Turkish*.

Dedication

For Vanessa

introduction

Teach Yourself Turkish is a complete course for beginners in spoken and written Turkish. It is suitable for those who wish to acquire a small amount of the language to get the most out of a visit to Turkey. It is also ideal for those who require a deeper knowledge of the language in order to communicate effectively in a range of everyday situations. On completing the book your knowledge will be intermediate. The book focuses on *meaningful* Turkish as spoken in İstanbul at the start of the 21st century.

Textbooks are usually written by teachers, not learners. This book is an exception, in that it is written by a team comprising a learner and a teacher. The aim of this book is to be 'the book we wish had been available when David went to live in Turkey'. This means:

- Turkish which gets you interacting *fast*;
- Turkish which helps you *communicate*;
- clear, jargon-free English;
- dialogues which do not insult your intelligence;
- language exercises requiring you to process the *meaning* of the language;
- tackling head-on the grammar questions which other Turkish language textbooks fudge or make incomprehensible;
- recycling of language items without over-dwelling on them;
- working within the limitations of the medium;
- entertainment.

Feedback from readers of the first edition confirms that these aims have indeed been met.

Each unit contains the following:

- an opening dialogue;
- one or two simple comprehension questions;

- notes about language and culture;
- explanations of a small number of language points;
- exercises;
- a second, shorter dialogue linked to the opening one.

For self study it is strongly recommended that you use the accompanying sound recordings.

Getting started

Turn off the telly, pour yourself a drink and find a comfy chair. Take a piece of paper and draw three columns on it. In the first column, write down three reasons for wanting to learn Turkish. Have a drink. In the centre column, write three things in your life that might prevent you from learning Turkish. If your glass is empty now, go and refill it. In the last column, now write down the three ways in which you will tackle the items in the centre column. When you've completed this task, pin the paper on the wall somewhere prominent.

Before starting Unit 1, read the Turkish Language section. It tells you what there is in store when you learn Turkish. Do not try to memorize it – once you've read it you can refer back to it if you need it!

Now move on to the section on the alphabet and pronunciation. Listen to the pronunciation practice survival guide a few times, each time paying attention to a different letter.

How to use the units in this book

A reasonable target to set yourself would be to complete one unit per week. If this proves difficult, then go for one unit per fortnight. Be systematic in devoting time to your study. Once within your study time, do NOT rush things. Take it nice and easy, and if you find something a bit difficult, cheat (no one will know)! You learn better when you are relaxed, so adjust your study to fit your schedule and – most importantly – your attention span. Two half-hour sessions may be of more benefit than a solid hour's toil.

The opening dialogue

For each unit, you can decide whether you read the dialogue first or listen to it first or do both together. Whichever way you choose, listen to and read it a number of times. Don't worry if you do not understand everything. Don't go crazy with the rewind button trying to catch a single word – your understanding will improve as time goes on.

DO do the following: if your player has a 'repeat track' function, have it replay the same dialogue over and over. Leave it on while you do something else, not necessarily paying attention. This will work wonders, guaranteed. How many pop songs or advertisements do you know the words of just because you've had them repeated to you half a dozen times a day? When the track starts to get on your nerves, hit the off-switch, not the roof!

Do not try to learn all the items in the vocabulary box off by heart – the vocabulary box will still be there tomorrow! Look things up as you need them and expect to look them up again in the future. Having looked them up once, the next time you read the dialogue you will remember roughly what's going on and might be able to work out the meaning of unknown pieces of language from the context. In real life, people do not learn lists of vocabulary – they are simply exposed to words over and over again in a context which they know, and in the end (with a little looking-up or asking), things stick.

So – expose yourself, then copy. Talk along with the dialogues as you get to know them and imitate what you hear. Don't be afraid to make mistakes – the more exaggerated your imitation of the accent, the better you'll be doing. Relax and enjoy yourself.

Notes are provided after some of the dialogues and language points. These are marked with the **i** icon, and give you extra information about the language and culture of Turkey.

Language points

After checking your understanding of the dialogue by answering a few comprehension questions, sit back (refill your glass if necessary) and read the language points. Take these slowly. If you've had enough after reading two or three of the points, give up for the moment and go back to the dialogue or to a previous unit.

The examples that come with these explanations are important. On a second reading you might skip the explanation and try to remember what the grammar point was just by looking at the examples.

Exercises

These are where you have fun and games. They're not tests – refer back to the language point explanations or crib the answers from the key! In most of the exercises it is necessary to understand the *meaning* of the language involved in order to complete the tasks set. So they'll get you thinking and, without your knowing it, learning.

The exercises are an essential part of *Teach Yourself Turkish*.

If you want to write the answers in the book, do so in pencil. Then you have the option of rubbing them out later and testing your wits again in the future. When you have completed a couple of units, go back to the exercises in earlier units – it's very satisfying to find them easier to do than the first time around.

Closing dialogue

There is no task associated with the closing dialogue. Read it and listen to it more than once. This dialogue sometimes rounds off the opening dialogue, including some more of the language you've just learned.

Sometimes it deliberately uses a language point you have *not* met yet, but are about to encounter in the next unit.

The ▶ icon

The ▶ icon indicates that the following dialogue or exercise is on the recording.

At the back of the book...

you will find the following:

- **taking it further** – suggested books, websites and courses to supplement *Teach Yourself Turkish*;
- **progress test** to see how you have done when you have completed the book;
- **key to the exercises**;
- **grammar reference** covering vowel harmony, word order, stress and verb forms;
- **Turkish-English glossary**, containing all the Turkish words used in this book;
- **English-Turkish glossary** containing 1000 words useful to language learners;
- **index of language points**.

And finally...

Here's an interesting method of self-motivation that a friend (who uses it very successfully) calls the chocolate method. It goes like this:

- she does not buy chocolate;
- she does not have any in her home;
- after a good period of study, she goes out and buys herself some!

Another word of advice: don't expect everything to stick the first time you hear or read it, so make one in every three sessions a revision session, looking back at earlier sections rather than ploughing ahead.

Finally, if you've never learned a foreign language before, prepare yourself for the thrill of the first time you actually use what you've learned – when you understand a shop sign or catch the words of a song or make yourself understood in a shop.

The Turkish language

Why learn Turkish?

Learn modern Turkish and you will be able to communicate with

- 70 million inhabitants of Turkey;
- a few million people indigenous to Northern Cyprus, Bulgaria, Romania and other parts of the Balkans;
- a few million members of recently founded Turkish communities in Australia, Belgium, Britain, Germany, Holland and other western countries.

You should also be able to get by in Turkish with over 100 million speakers of related Turkic languages, such as Kazakh, which are spoken in the areas shaded black in the map opposite.

Features of Turkish

We have some good news and some bad news for you. The bad news is all related to the fact that Turkish is simply *different*

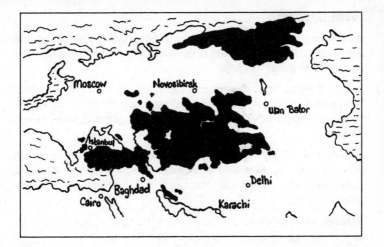

from western European languages. Let's look at the bad news first:

- Turkish uses 'vowel harmony' – a feature unknown to English speakers.
- Where English uses a separate word, Turkish often adds an ending to an existing word.
- The word order appears odd.
- Turkish vocabulary is mostly unrelated to western languages.

The good news is more important. It tells you that once you adjust to the fact that Turkish does things differently, it is a very regular and logical language:

- Nouns do not have different genders – you do not have to remember whether a thing is masculine or feminine like you do in French or German.
- Turkish grammar is very regular – learn a rule, and there are usually no exceptions.
- Once you know a little vocabulary and a few rules about vocabulary building, then guessing at the meanings of new words is a piece of cake.

The way in which Turkish works is absolutely fascinating. The more you know, the more you are surprised by its simplicity.

Agglutination

Where English uses a number of words, Turkish often uses only one. For example, the phrase *you will be able to come*, is the single word **gelebileceksin**.

Where English adds meaning to the verb *come* by placing other words in front of it, Turkish adds meaning to the verb **gel** by tagging endings onto it: **gel** (*come*) **-ebil** (*be able to*), **-ecek** (*will*), **-sin** (*you*).

The technical word for this way of doing things is *agglutination*, which means 'sticking bits together'. Turkish is an agglutinating language.

Vowel harmony

When you agglutinate in Turkish, most of the endings usually have to rhyme, or harmonize, with the word you're adding them to. In order to be able to rhyme like this, the endings have a number of different forms.

There are two types of ending:

- 'e' endings which contain the letter e. They have two possible forms. For example, the ending **-le** can be either **-le** or **-la**.

- 'i' endings which contain the letter i. They have four possible forms. For example, the ending **-iyor** can be **-iyor**, **-ıyor**, **-üyor** or **-uyor**.

The knack lies in knowing which of the two, or four, forms to use. This knack is explained in Unit 1 and in the Grammar reference.

Word order

The basic word order in Turkish is *the woman the book read*. The subject (the person or thing performing the action) comes first, the verb (the action word) comes at the end, and the object (the person or thing having the action done to it) comes in between. So the basic order is 'subject – object – verb'. For example:

Kadın kitabı okudu.   literally *The woman the book read.*

Word order is described in more detail in the Grammar reference. For now, it is enough to be aware that you need to do a bit of juggling to work out the English equivalent of anything in Turkish.

Vocabulary building

Guessing the meanings of words is good fun. **Gazete** means *newspaper*, and **gazeteci** means *journalist*. **Eski** means *old*, and **eskici** means *rag-and-bone man*.

Question: If **deniz** means *sea*, what's the Turkish word for *sailor*? (The answer is in the Key at the back of the book.)

The alphabet and pronunciation

The bad news:

- There are a few extra letters which English does not have.
- A few of the letters which English has stand for different sounds in Turkish.
- Where you place the stress in a word is different from English.

The good news:

- You pronounce Turkish in exactly the same way as you spell it.
- Each Turkish letter stands for a single sound.

The alphabet

Here is the Turkish alphabet:

Aa, Bb, Cc, Çç, Dd, Ee, Ff, Gg, Ğğ, Hh, Iı, İi, Jj, Kk, Ll, Mm,

Nn, Oo, Öö, Pp, Rr, Ss, Şş, Tt, Uu, Üü, Vv, Yy, Zz

1 Which English letters are missing?
2 Which letters does Turkish have which English does not?
3 How many vowels are there?

The answers are in the key at the back of the book.

Vowels

All of the Turkish vowels are 'short'. That is, you pronounce the Turkish **u** as in northern English *supper*, *not* as in *super*. You will notice Turks making mistakes when they 'spik' English because they make all their vowels short. The same happens in reverse – Turkish vowels are often made too long by 'Eengeeleesh' speakers!

Here are some notes on how to pronounce each vowel. Bear in mind the above comments about vowel length.

We have the following vowels in English:

A a as the *a* in the sounding alphabet, so 'a' as in *cat*, not the letter name 'ay'.
E e as the *e* in *get*.
İ i as the *i* in *it*.
O o as the *o* in *box*.
U u as the *u* in *pull*.

We don't have these ones:

I ı as the *i* in *cousin* or the *er* in *butter*.
Ö ö as the German *ö* or as the *eu* in the French word *deux*, or as the *i* in *bird*.
Ü ü as the German *ü* or as the *u* in the French word *tu*.

For those of you who know no French or German, *ü* is a sound half-way between the English *e* and the English *u*.

Note the difference between **İ** or i with a dot and **I** or ı without a dot.

In English we do not always pronounce every vowel. For example, we do not pronounce the *e* on the end of the English word *bale*. Turkish is different – you always pronounce all the letters no matter what their position. So you pronounce the Turkish word **bale** as *baleh*.

Consonants

Most of the Turkish consonants sound the same as they do in English.

You pronounce three of them differently:

C   c   as the *j* in *John*.

J   j   as the *j* in the French word *Jacques*, or as the *s* in
          pleasure.

V   v   a sound half-way between the English *w* and *v*.

There are also three consonants which we don't have in English:

Ç   ç   as the *ch* in *child*.

Ş   ş   as the *sh* in *show*.

Ğ   ğ   this letter has no sound!

The letter ğ is called **yumuşak g**, which means *soft g*. It always
comes after a vowel and turns that vowel into a long sound.
You might think of it as doubling the vowel before it. Thus,
think of **sağ** as *saa* or think of **öğle** as *ööle*. There are no words
beginning with ğ.

In English we do not always pronounce some consonants.
Examples of this are the *h* at the start of words or *r* at the end
of words. Turkish is different – you always pronounce all the
letters.

Accent

Accents are difficult to get right in any language – even your
own! It is unlikely that you could imitate many English accents
well without specialist training or extensive exposure to the
accent.

You should not worry too much about acquiring the perfect
Turkish accent. An accent good enough to be understood will
do for most people. However, when pronouncing words, don't
be afraid of imitating Turkish accents you hear – you will not
make a fool of yourself and no one will think you are making
fun of the language. Relax and copy!

Stress

When listening to Turkish you may not always notice where a
word is stressed, as stresses are very light in Turkish.

As a crude rule of thumb, you stress the *last* syllable of a word.

Exceptions to this rule are given in the Grammar reference
(Appendix).

Rhythm

When we listen to someone speak, we don't just listen to the words to understand the meaning; we also listen to the rhythm. Turkish rhythm is different from English rhythm.

If a Turk has not mastered English rhythm, we find it difficult to understand them when they speak English. This can happen even though they pronounce each syllable of each word correctly. Our ears expect the English rhythm, and we have to concentrate in order to adjust to speech which hasn't got it. Similar problems occur in reverse if we use our English rhythm when we speak Turkish.

Question: How can you get the rhythm?
Answer: Listen, listen, listen and copy, copy, copy.

Rhythm is not something which is easy to get right by conscious effort. You need exposure to it. If you cannot spend time in the company of Turkish speakers, you can gain exposure by listening time and again to the recording which accompanies this book. Play it in the background when you're not really listening to it. Irrespective of whether or not you understand the words, you will still hear the rhythm. Better still, listen to Turkish television or radio, either by satellite or over the internet.

▶ Pronunciation practice – survival guide

As well as introducing you to Turkish pronunciation, this section will give you a kick-start in survival words and phrases. Listen to the 75 items below whilst looking at how they are spelt. Repeat the words aloud as you hear them.

Basics

evet	*yes*
hayır	*no*
lütfen	*please*
sağ olun	*thank you*
merhaba	*hello*
hoşça kalın	*goodbye*
nasılsınız?	*how are you?*
iyiyim	*I'm fine*
pardon	*excuse me*

Talking

anladım	*I understand*
anlamadım	*I don't understand*
tekrar	*again*
yavaş	*slowly*
ne demek?	*what does it mean?*
İngilizce	*English*
Türkçesi ne?	*what is it in Turkish?*

Shopping

kaç para?	*how much (money)?*
ucuz	*cheap*
pahalı	*expensive*
var	*there is some*
yok	*there isn't any*
pul	*stamp*
jeton	*token (formerly used in public telephones; now used for public transport)*

Eating

bakar mısınız!	*waiter! excuse me!*
fiyat listesi	*price list*
hesap	*bill*
öğle yemeği	*lunch*

Directions

nerede?	*where?*
sol	*left*
sağ	*right*
düz	*straight on*
kaç kilometre?	*how many kilometres?*

Travelling

ne zaman?	*when?*
hangi otobüs?	*which bus?*
ilk	*first*
son	*last*
bilet	*ticket*
burada	*here*
inecek var	*I want to get out/off*

Accommodation

bir kişi	*one person*
bir gece	*one night*
sıcak su	*hot water*
devamlı su	*non-stop water*
kahvaltı dahil	*breakfast included*

Times

dakika	*minute*	şimdi	*now*
saat	*hour*	sonra	*later*
gün	*day*	dün	*yesterday*
hafta	*week*	bugün	*today*
önce	*earlier/ago*	yarın	*tomorrow*

Numbers

az	*little*	beş	*five*
çok	*a lot*	yüz	*hundred*
bir	*one*	bin	*thousand*
iki	*two*	milyon	*million*
üç	*three*	milyar	*billion*
dört	*four*		

Places

tuvalet	*toilet*
postane	*post office*
eczane	*chemist's*
otogar	*bus station*
iskele	*jetty, ferry stop*
bakkal	*grocer's shop*

Trouble

imdat!	*help!*
kaza	*accident*
doktor	*doctor*
çok ayıp!	*shame on you!* (use this to repel unwanted advances)

Listen to the above words a number of times, each time concentrating on a different letter. Pay particular attention to:

- the letters c, ç, ğ, ı, İ, j, ö, ş and ü;
- how the words are stressed;
- the fact that you pronounce every letter of every word.

01

ekmek var mı?

is there any bread?

In this unit you will learn how to

- exchange geetings and farewells
- ask for goods in shops
- ask simple questions and make simple statements

▶ *Konuşma* Dialogue

Karen is on holiday. She goes into the local grocer's to buy some food to make breakfast. She's keen to use the Turkish she's learned.

Karen	Merhaba.
Bakkal	Günaydın efendim.
Karen	Ekmek var mı?
Bakkal	Var.
Karen	Bir ekmek lütfen. (*points at a sausage*) Bu ne? Salam mı?
Bakkal	(*the grocer tuts*) Salam değil, sucuk.
Karen	Güzel mi?
Bakkal	Çok güzel.
Karen	Yüz gram sucuk lütfen.
Bakkal	Tabii efendim.
Karen	Yeşil zeytin var mı?
Bakkal	Yeşil zeytin yok. Siyah var.
Karen	Peki. İki yüz gram lütfen.

günaydın	*good morning*	**salam değil**	*not salami*
bakkal	*grocer*	**sucuk**	*garlic sausage*
efendim	*Madam (or Sir)*	**güzel**	*nice*
ekmek	*bread*	**çok**	*very*
var	*there is*	**yüz**	*hundred*
var mı?	*is there?*	**gram**	*gram*
bir	*one*	**tabii**	*certainly*
lütfen	*please*	**yeşil**	*green*
bu	*this*	**zeytin**	*olive*
ne	*what*	**yok**	*there isn't*
salam	*salami*	**siyah**	*black*
salam mı?	*salami?*	**peki**	*OK*
		iki	*two*

Questions

Read the dialogue and answer the following questions with **var** or **yok**.

1 Ekmek var mı?
2 Salam var mı?
3 Yeşil zeytin var mı?
4 Siyah zeytin var mı?

ℹ A little goes a long way

This conversation, although monosyllabic, is quite natural. You can get quite a long way in Turkey using the words **var**, **yok**, **ne** and **mı!**

ⓘ Tut, tut!

In Turkey it is quite polite to say *no* simply by using body language. To do this, raise your eyebrows and give a single tutting sound.

ⓘ Pidgin?

Note how you don't need the words *it* or *is* in the sentence **Salam değil, sucuk.** To a new learner this may feel incomplete, a little like *Me Tarzan, you Jane.* It is, however, quite normal in Turkish.

Language points

1 Greetings and farewells

günaydın	*good morning*
iyi akşam*lar*	*good evening(s)* * (used from late afternoon onwards)
merhaba	*hello*
selam	*hello*

The easiest of these to learn is **merhaba**, which you can use at any time of day.

iyi gün*ler*	*good day(s)* *
iyi akşam*lar*	*good evening(s)* *
iyi gece*ler*	*good night(s)* *
hoşça kalın	*bye bye*

The easiest and safest of these is **hoşça kalın,** which you can use at any time.

2 Plurals

Making them

Words which name things (objects, ideas, people or places) are called nouns. In English, we make nouns plural by adding an *-s* on the end. In Turkish, you add either **-ler** or **-lar** instead.

gün	gün*ler*	gece	gece*ler*
akşam	akşam*lar*	televizyon	televizyon*lar*

Question: How do you decide whether to add **-ler** or **-lar** to a word?

Answer: Choose which one rhymes best with the *last* vowel in that word.

*Many Turkish greetings are plural – see next Language point.

-**ler** harmonizes best with **i, e, ö, ü**
-**lar** harmonizes best with **ı, a, o, u**

This is one of the rules of vowel harmony. The -**ler** ending is an 'e-type' ending.

Using them

Turkish sometimes uses plural forms where English uses singular forms, for example:

gün	*day*
iyi gün**ler**	*good day(s)*
şans	*luck*
iyi şans**lar**!	*good luck!*

At other times, Turkish uses a singular form where English uses a plural! This occurs when there is a number before the noun, for example:

iki gün	*two days*
üç bilet	*three tickets*
yüz gram	*one hundred grams*

3 Turning a statement into a question: *mı? mi? mu?* or *mü?*

You can turn a simple statement into a question by adding **mı, mi, mu** or **mü** to the end of the statement. These are four versions of the same word.

Question: How do you decide which version to use?
Answer: Choose which one rhymes best with the *last* vowel in the word before it.

In the following examples, the two rhyming letters are shown in italics.

İskoçyal*ı* m*ı*?	*Scottish?*
Par*i*s m*i*?	*Paris?*
İstanb*u*l m*u*?	*Istanbul?*
T*ü*rk m*ü*?	*Turkish?*

The above examples are quite straightforward as the two vowels which need to rhyme are exactly the same. Sometimes, however, the last vowel of the preceding word may not be **i, ı, ü** or **u**, but may be **e, a, ö,** or **o**. In such cases you use the form which sounds the closest. For example:

Rom*a* m*ı*?	*Rome?*
B*e*n m*i*?	*Me?*

| **Televizyon mu?** | *Television?* |
| **Şoför mü?** | *Driver?* |

From these examples you can see that:

| **mı** comes after **ı, a** | **mu** comes after **u, o** |
| **mi** comes after **i, e** | **mü** comes after **ü, ö** |

This is one of the rules of vowel harmony. The word **mi** is an 'i-type' ending.

Do not try to learn the rules of vowel harmony by heart. Whenever you hear or read Turkish you will come across them and you will come to know which endings to use instinctively. Meanwhile, as a beginner and a foreigner there is little to worry about, for even if you do not always harmonize your vowels correctly, it will not affect the actual meaning of what you are saying! Everyone makes mistakes. They are an integral and important part of learning.

4 Adjectives

Adjectives are words which describe what things are like. Here are some examples in Turkish:

güzel	*nice, beautiful*	**büyük**	*big*
beyaz	*white*	**küçük**	*small*
iyi	*good*	**boş**	*free, empty, vacant*
memnun	*happy*	**zor**	*difficult*
sıcak	*hot*	**kolay**	*easy*
soğuk	*cold*		

5 *Var* and *yok*: 'There is', 'there is not'

You will use these words frequently. **Var** means *there is* or *there are*, and **yok** means *there isn't* or *there aren't*. For example:

Problem var.	*There's a problem.*
Çay var mı?	*Is there any tea?*
Ekmek yok mu?	*Isn't there any bread?*
Problem yok!	*No problem!*

6 Making a question negative: *Değil*

In order to make a simple statement negative, you place **değil** after the noun or adjective which you wish to make negative.

| **Salam değil.** | *It's not salami.* |
| **Hava sıcak değil.** | *The weather isn't hot.* |

You can tag **Değil mi?** onto any statement to ask *isn't it?* or *aren't they?*

Bu sucuk güzel, değil mi?	*This garlic sausage is nice, isn't it?*
Türkler, değil mi?	*They're Turks, aren't they?*

Değil mi? is like *n'est-ce pas?* in French or 'innit?' in broken English.

7 Counting up to ten

sıfır	*zero*	beş	*five*
bir	*one*	altı	*six*
iki	*two*	yedi	*seven*
üç	*three*	sekiz	*eight*
dört	*four*	dokuz	*nine*
		on	*ten*

8 Pleasantries

In Turkish there are set pleasantries for most occasions. Learn a few such phrases and you might get through the day saying little else! Here are three to get you going:

Phrase	When to use it
Afiyet olsun!	to someone who is eating or has just finished eating
Elinize sağlık!	to someone who has made you a meal
Kolay gelsin!	to someone working

For interest's sake, **afiyet olsun** literally means *may there be appetite*, **elinize sağlık** means *health to your hand*, and **kolay gelsin** means *may it come easy*. For now, don't worry about being able to translate these phrases directly into English.

Exercises

1 Reorder the sentences below to form a meaningful dialogue.

a – Bira var mı?
b – Buyurun, iki şişe bira.
c – İki şişe lütfen.
d – İyi akşamlar efendim.
e – Merhaba.
f – Teşekkürler.
g – Var.

bira	*beer*	**şişe**	*bottle*
buyurun	*here you are*	**teşekkürler**	*thanks*

2 Fill in the gaps in the sentences below using **mı**, **mi**, **mu** or **mü**.

a İstanbul ——— ?
b Bu salam, değil ——— ?
c Bu akşam ——— ?
d Altı ——— ?

e Türk ——— ?
f Kuşadası güzel ——— ?
g Dört ——— ?
h Bu oda boş ——— ?

3 Look at the photograph of the fast-food stand and say whether the statements are **doğru** (*true*) or **yanlış** (*false*).

a Bira var.
b Viski var.
c Sıcak meşrubat var.

d Soğuk meşrubat var.
e Yemek yok.

viski	*whisky*	**sosis**	*sausage*
meşrubat	*drink* (noun)	**köfte**	*meatball*
su	*water*	**yemek**	*food*
patates	*potato*		

4 The following dialogue takes place at a hotel reception. Fill in the gaps using the phrases on the right.

– ——— a ———.
– İyi akşamlar efendim.
– ——— b ———
– Bir gece için mi?
– ——— c ———
– İki gece ... evet var.
  Pasaport lütfen.
– ——— d ———
– Teşekkürler. Buyurun, anahtar.
  Dört numara.
– ——— e ———

i İki.
ii Boş oda var mı?
iii Buyurun.
iv İyi akşamlar.
v Teşekkürler.

buyurun	*here you are*	**numara**	*number*
için	*for*	**oda**	*room*
anahtar	*key*	**teşekkürler**	*thanks*

5 Put these numbers in the correct order.

sekiz   on   dört   iki   üç   beş   bir   yedi   altı
dokuz

6 Make the following nouns plural by adding either **-ler** or **-lar**.

a anahtar
b İrlandalı
c kuaför
d sucuk

e gece
f polis
g Türk
h televizyon

İrlandalı	*Irishman/woman*	**polis**	*policeman*
kuaför	*hairdresser*		

9

ekmek var mı?

01

7 Answer the following questions with **evet** or a sentence containing **değil**. The first one has been done for you.

    a Antarktika sıcak mı?
       Sıcak değil.
    b İstanbul büyük mü?
    c Deniz beyaz mı?
    d Koka kola Amerikan mı?
    e Paris küçük mü?
    f Atatürk Türk mü?

8 Complete this table, which indicates how and when you can use various phrases.

Phrase	Greeting	Farewell	Time of day
a günaydın	✓	✗	*morning*
b hoşça kalın			
c iyi akşamlar			
d iyi geceler			
e iyi günler			
f merhaba			
g selam			

9 There are eight Turkish adjectives hidden in this square. One has been found for you.

ı	ğ	i	y	i	p	ş	ü
g	ö	n	ı	ğ	ö	ş	s
k	ğ	g	ü	z	e	l	ı
ğ	b	i	ö	ş	ö	ç	c
k	o	l	a	y	ü	ğ	a
ş	ş	i	s	o	ğ	u	k
ö	ş	z	ç	ü	ğ	ü	ö
a	m	e	r	i	k	a	n

▶ *Konuşma* Dialogue 2

Karen is still at the grocer's.

Karen   Yarım litre süt lütfen.
Bakkal   Buyurun. Bir küçük kutu süt.

Karen	Bu süt taze mi, uzun ömürlü mü?
Bakkal	Taze değil.
Karen	Taze süt yok mu?
Bakkal	Maalesef.
Karen	Tamam.
Bakkal	Başka?
Karen	Yok, teşekkürler. Hepsi ne kadar?
Bakkal	Üç yüz bin lira.
Karen	Buyurun.
Bakkal	Teşekkürler.
Karen	İyi günler.
Bakkal	İyi günler efendim.

yarım	*half*
litre	*litre*
süt	*milk*
kutu	*box, carton, tin*
taze	*fresh*
uzun ömürlü	*long-life*
maalesef	*I'm afraid not*
tamam	*OK*
başka	*other* (here it means *anything else?*)
hepsi	*everything*
ne kadar	*how much?*
bin	*thousand*
lira	*lira* (Turkish currency)

02

ingiliz misiniz?
are you English?

In this unit you will learn how to
- address people
- request and give personal details
- count
- use the Turkish for *am*, *are* and *is*

◘ *Konuşma* Dialogue

Alan has spent many previous holidays in Turkey. This year he is on a liner cruising in the Mediterranean. The ship has docked in Turkey for the first time, and as he disembarks a Turkish official checks his passport.

Memur	İyi günler.
Alan	İyi günler memur bey.
Memur	Ah! Türkçeniz çok iyi.
Alan	Sağ olun.
Memur	Milliyetiniz ne? Alman mı?
Alan	(*raises his eyebrows and tuts*) Hayır.
Memur	İngiliz misiniz?
Alan	Evet.
Memur	Çok güzel. Pasaportunuz lütfen.
Alan	(*hands over his passport*) Buyurun.
Memur	Teşekkürler. Adınız ne?
Alan	Alan Hill.
Memur	Tamam. (*stamps passport and returns it*) Hoş geldiniz.
Alan	Hoş bulduk. İyi günler!
Memur	İyi günler efendim!

memur	*official*
Türkçe	*Turkish*
Türkçeniz	*your Turkish*
çok	*very*
milliyet	*nationality*
milliyetiniz	*your nationality*
Alman	*German*
pasaportunuz	*your passport*
ad	*name*
adınız	*your name*
hoş geldiniz	*welcome*
hoş bulduk	*happy to be here*

Questions

Now answer the following questions about the dialogue.

1 Alan İngiliz mi?
2 Memur Türk mü?
3 Adınız ne?
4 Türkçeniz çok iyi mi?

ℹ It's easy to impress
Because Alan said a few words of Turkish, the immigration officer was impressed. This is a common reaction to foreigners who speak a little Turkish.

ℹ *Siz* and *sen*: 'You'
Like a number of other languages, Turkish has two words for *you*. You use **Siz** when talking to more than one person or addressing a single person with whom you are being formal. You use **Sen** when talking to a close friend or a child. If in doubt about which to use, play safe and use **siz**.

ℹ *Buyurun!*: 'Here you are', 'Go ahead' etc.
Buyurun is a word you hear all the time in Turkey. It is a multi-purpose way of prompting someone. In this dialogue it means *here you are*, but it can also mean *go ahead, feel free* or *what can I do for you?*

Language points

1 Addressing people
Someone providing you with a service may address you in one of the following ways:

Beyefendi *Sir* **Hanımefendi** *Madam* **Efendi** *Sir/Madam*

The Turkish equivalents of *Mr, Mrs* or *Miss* are **Bey** and **Hanım**. You use them with the first name rather than with the surname. Thus, for John and Lucille Smith the following are equivalents:

John Bey *Mr Smith* **Lucille Hanım** *Mrs Smith*

You can also use **Bey** and **Hanım** after someone's job title. This is a particularly Turkish way of addressing people which can be handy for, amongst other things, attracting the attention of bus drivers in a polite way when it is your stop!

şoför bey! *driver!* **doktor bey** *doctor*
memur bey *officer*

You can use the word **memur** for any public official, including passport controllers or policemen. Call them **memur bey** (they are usually men) and you should get on the right side of them from the start!

2 'You', 'he', 'she' . . .

These words are called personal pronouns.

Singular		Plural	
ben	*I*	biz	*we*
sen	*you* (informal)	siz	*you*
o	*he, she, it*	onlar	*they*

Remember to use **siz** as the singular *you* in formal situations.

3 The verb 'to be'

Action words such as *go, sit* or *be* are called verbs. *Am, are* and *is* are all different parts of the English verb *to be*.

The endings

The Turkish equivalents of the different parts of the verb *to be* are the endings **-im, -sin, -iz, -siniz** and **-ler**. Here are some examples:

Singular		Plural	
ben İngiliz**im**	*I am English*	biz İngiliz**iz**	*we are English*
sen İngiliz**sin**	*you are English*	siz İngiliz**siniz**	*you are English*
o İngiliz	*he/she is English*	onlar İngiliz**(ler)**	*they are English*

Note that there is no ending on the **o** form. Note also that the **-ler** ending is shown in brackets. This is because you usually leave it out.

Vowel harmony

All of these endings (except the *they* form) behave exactly like **mı, mi, mu** and **mü** (see Unit 1). That is, they have four different versions and they follow the rules of i-type vowel harmony:

-**ım** comes after **ı, a**   -**um** comes after **u, o**
-**im** comes after **i, e**   -**üm** comes after **ü, ö**

The *they* form has only two different versions because it follows the rule of e-type vowel harmony:

-**ler** comes after **i, e, ü, ö**   -**lar** comes after **ı, a, u, o**

Here is a table with examples of all the endings in all their versions:

ben . . .	sekreter**im**	Türk**üm**	Alman**ım**	memnun**um**
sen . . .	sekreter**sin**	Türk**sün**	Alman**sın**	memnun**sun**
o . . .	sekreter	Türk	Alman	memnun
biz . . .	sekreter**iz**	Türk**üz**	Alman**ız**	memnun**uz**
siz . . .	sekreter**siniz**	Türk**sünüz**	Alman**sınız**	memnun**sunuz**
onlar . . .	sekreter**(ler)**	Türk**(ler)**	Alman**(lar)**	memnun**(lar)**

If this sounds heavy right now, don't worry! If you get the harmony wrong, people will still understand you.

Personal pronouns

Usually you don't need to use personal pronouns (**ben, sen,** etc.). Thus, **İngilizim** is enough to say *I am English*, and **İngiliz** will do for *he is English*. However, you do need to use **onlar** when you say *they*.

The usual way to say *they are Turkish* is **onlar Türk**. When you use the personal pronoun **onlar**, you don't need to use the ending **-ler**.

Questions with 'to be'

To turn **İngilizsiniz** (*you are English*) into a question, follow these steps:

Step	Example
Take the statement.	İngilizsiniz
Separate the *to be* ending from the noun or adjective.	İngiliz siniz
Put **mi** in front of the ending.	İngiliz **mi**siniz?

Here are some more examples:

English	Statement	Question
I am beautiful.	Güzelim.	Güzel miyim?
You're blind.	Körsün.	Kör müsün?
It's difficult.	Zor.	Zor mu?
We're ready.	Hazırız.	Hazır mıyız?
You're open.	Açıksınız.	Açık mısınız?
They're Turkish.	Onlar Türk.	Onlar Türk mü?

Note that you insert a -y- between **mi** and **-im** or **-iz**. Read on to find out why.

4 Keeping vowels apart!

There is a rule in Turkish that you do not put two vowels next to each other within a word. This helps to keep pronunciation simple. When you place endings on words, if the word ends in a vowel and the ending starts with a vowel, you've got problems! The solution: insert a consonant between them.

The word **miyim** in **İngiliz miyim?** is made from **mi** and **im** coming together. The resulting **miim** is not allowed, so you put a -y- in between to make **miyim**. This makes the word more pronounceable. The -y- acts as a buffer which stops the two vowels clashing. Letters inserted like this are called buffer consonants. Later you will discover that the letter -n- is also used as a buffer consonant.

Sometimes, however, you will actually see two vowels next to each other. This occurs in a small number of words which Turkish has adopted from other languages. **Maalesef** is such a word (see Unit 1, dialogue 2).

5 Counting beyond ten

yüz	100	milyon	1,000,000
bin	1,000	milyar	1,000,000,000
yirmi	20	altmış	60
otuz	30	yetmiş	70
kırk	40	seksen	80
elli	50	doksan	90
sıfır	0	bir buçuk	1.5
yarım	0.5	iki buçuk	2.5

To form more numbers, just put the ones you know together, for example:

onsekiz	18
bindokuzyüz	1900
onbir milyon	11,000,000
ikiyüzkırkbeş	245

Note: In English we say *one hundred* or *one thousand*. In Turkish you say just **yüz** or **bin**.

ℹ️ Turkish money

The inflation rate in Turkey has been very high – over 50% in some years. This has two main implications for students of Turkish: one is that any prices quoted in course books will quickly be out of date, the other is that students need to learn large numbers to do even basic shopping. In 2003, there were more than two million Turkish lira to the pound sterling (1.2 million lira to the US dollar). You need to be able to express hundreds of thousands just to buy drinks and snacks!

6 *Bu, şu* and *o*: 'this' and 'that'...

Where English has two words for *this* and *that*, Turkish has three.

bu	*this*
şu	*that* (referring to something relatively nearby)
o	*that* (referring to something further away)

Exactly where you draw the line between **bu** and **şu** or between **şu** and **o** is unclear. However, something held in your hand is definitely **bu**, a table on the other side of the room is almost certainly referred to as **şu**, and a tree on the horizon is certainly **o**.

7 Question words

Here are a few invaluable words for asking questions:

kim?	*who?*
ne?	*what?*
nerede?	*where?*
ne zaman?	*when?* (literally *what time?*)
nasıl?	*how?*
kaç tane?	*how many?*
ne kadar?	*how much?* (literally *what extent?*)

8 *-im* and *-iniz* endings

When put on the end of nouns, the ending **-im** can mean *my* and **-iniz** can mean *your*. They follow the i-type vowel harmony. For example:

Ceket*iniz* siyah.	*Your jacket is black.*
Ad*ınız* ne?	*What's your name?*
Bluz*unuz* bu.	*This is your blouse.*
Süt*ünüz* soğuk.	*Your milk is cold.*
Ceket*im* güzel.	*My jacket is nice.*
Ad*ım* Ali.	*My name is Ali.*
Bu pasaport*um*.	*This is my passport.*
Kuaför*üm* iyi.	*My hairdresser is good.*

When these endings are added to words which end in a vowel, you add only **-m** or **-nız**.

Türkçe*m*	*my Turkish*
banka*nız*	*your bank*

Note how this is another way in which Turkish avoids vowel clashes – it simply leaves out one of the vowels!

9 'a' and 'the'

In Turkish, for most of the time you do not use the equivalent of our words *a* and *the*. This may make Turkish sound a bit like a pidgin language at first, but you'll soon get used to the fact that often these words are simply not necessary and so aren't used!

Kalem yeşil.	*The pen is green.*
Kalem var.	*There is a pen.*
Masa büyük.	*The table is big.*

However, you will sometimes see the word **bir** used to mean *a*, for example:

Bu bir kalem.   *This is a pen.*
Bir kalem var.   *There is a pen.*

Exercises

1 Match the following questions and answers.

a O Hollandalı mı?	i Adım Berkant.
b Adınız ne?	ii Dört kişiyiz.
c Siz polissiniz, değil mi?	iii Eşim Asuman.
d Milliyetiniz ne?	iv Hayır, doktorum.
e Yoğurt var mı?	v Hayır, saçlarım kısa.
f Saçlarınız uzun mu?	vi Hayır, Türk.
g Eşiniz kim?	vii Var, ama taze değil.
h Oteliniz nasıl?	viii Türküm.
i Kaç kişisiniz?	ix Güzel ama pahalı.

Hollandalı	*Dutch*
yoğurt	*yoghurt*
uzun	*long*
eş	*husband* or *wife* (spouse)
otel	*hotel*
kaç	*how many*
kişi	*person*
kısa	*short*
ama	*but*
pahalı	*expensive*

2 Fill in the gaps below with personal pronouns.

a ——— Almansınız.   d ——— memnunuz.
b ——— güzelim.   e ——— kuaförsün.
c ——— İngiliz.

3 Match the following adjectives to their opposites.

a iyi	i açık
b küçük	ii büyük
c kapalı	iii fena
d pahalı	iv kolay
e zor	v ucuz

kapalı	*closed*	**fena**	*bad*
açık	*open*	**ucuz**	*cheap*

4 Using one item from each of the three columns below, make four sentences.

a Ben	Alman	sün.
b Biz	memnun	sınız.
c Sen	profesör	uz.
d Siz	müzisyen	im.

5 Which ones in the following groups of words are the odd ones out?

a çay, kahve, ayran, salep
b ayran, bira, şarap, cin
c üç, onaltı, beş, dokuz, onyedi, yirmibir
d İtalya, Polonya, Bulgaristan, Tokyo
e polis, turist, memur, kuaför

> **ayran**   *a salted yoghurt drink*
> **salep**   *a hot semolina drink*
> **şarap**   *wine*
> **Polonya** *Poland*

6 Make sentences about yourself by selecting one of the alternatives in brackets below. The answer key provides sample sentences for one of the authors as a guide.

a Saçım (kısa/uzun/yok).
b Evim (küçük/büyük/yok).
c Arabam (Ford/Mercedes/yok).
d Eşim (Türk/İskoçyalı/yok).
e Türkçem (iyi/az/yok).
f İşim (ilginç/sıkıcı/yok).

> **saç**   *hair*   **iş**   *work*
> **ev**   *home*   **ilginç** *interesting*
> **araba** *car*   **sıkıcı** *boring*
> **az**   *little*

7 Look at this list of useful telephone numbers. Who would you be telephoning if you called the following numbers?

a yüzellibeş
b beşyüzellidokuz, seksenüç, sıfır dört
c altıyüzaltmışüç, otuz, sıfır sıfır

d beşyüzellidokuz, kırküç, seksenyedi
e yüzyirmibir
f beşyüzaltmış, yetmişiki, doksanbir

Lüzumlu Telefonlar

Bakırköy Kaymakamlığı	(212) 571 69 28	T. Vakıflar Bankası	(212) 560 07 03
Bakırköy Belediye Santral	(212) 542 02 83	Yapı Kredi Bank. Atrium	(212) 661 08 62
Bakırköy Belediye Bşk.	(212) 583 10 33	Çapa Tıp Fakültesi	(212) 594 00 00
Bakırköy İtfaiye	(212) 583 51 57	Cerrahpaşa Hastanesi	(212) 588 48 00
Bakırköy Deniz Otobüsü	(212) 560 72 91	İnternational Hospital	(212) 663 30 00
Bakırköy Emniyet Amirliği	(212) 571 61 77	Ezgi Veteriner Kliniği	(212) 559 88 00
Bakırköy Devlet Hastanesi	(212) 543 93 71	T E K	(212) 582 70 01
Bakırköy SSK Doğum	(212) 559 83 22	Polis İmdat	155
Ataköy Muhtarlık	(212) 559 77 77	Yangın İhbar	110
Eczane	(212) 559 83 04	Elektrik Arıza	186
Atrium Taksi	(212) 560 80 60	Telefon Arıza	121
Ata Merkez Taksi	(212) 559 99 69	Gaz Arıza	187
Atakent Taksi	(212) 560 61 01	Su Arıza	185
Emlak Bank Atrium Şb.	(212) 559 43 87	Çağrı	133
İş Bankası Atrium Şb.	(212) 559 55 13	Bakırköy Spor Tesisleri	(212) 559 01 82

8 Would you address the following people with **sen** or **siz**?

    a anneniz   **e** küçük bir boyacı
    b şefiniz   **f** bir polis
    c bir bakkal   **g** eşiniz
    d kuaförünüz

şef boss	**boyacı** shoeshine boy
küçük small, young	

---

9 There are ten Turkish numbers hidden in this square. One has been found for you.

o	n	ğ	ş	b	e	ş	ç
n	s	ı	f	ı	r	ö	m
i	e	ş	d	f	ü	g	i
k	k	b	a	y	ü	z	l
i	i	y	ö	i	ğ	v	y
ü	z	ğ	z	r	i	r	a
y	a	r	ı	m	e	l	r
k	ı	r	k	i	ş	t	ö

10 Look at the completed hotel registration form overleaf, then complete one with your own details.

Bay/Bayan
Ad: ....MICHAEL.........................
Soyad:....CHARLTON.....................
Doğum tarihi: 17/10/70......
Milliyet: ..AMERİKALI................
Pasaport numarası: 4578 3420P.........
Meslek: ....POLİS....................
Geliş tarihi: 26/8/96......
Gidiş tarihi: 27/8/96......

bay	male	tarih	date
bayan	female	meslek	job, profession
soyad	surname	geliş	arrival
doğum	birth	gidiş	departure

Bay/Bayan
Ad: ....
Soyad:......................................
Doğum tarihi: ....
Milliyet: ....
Pasaport numarası: ....
Meslek: ....
Geliş tarihi: ....
Gidiş tarihi: ....

▶ *Konuşma* Dialogue 2

Whilst in Kuşadası, Alan and a fellow traveller, Margaret, walk into a **kebapçı** (*kebab restaurant*). Margaret also knows a few words of Turkish.

Garson İyi akşamlar. Buyurun.
Alan Merhaba. Boş yer var mı?
Garson Var. Buyurun. (*shows them to a table*)
Alan (*sitting*) Sağ olun. Adana kebap var mı?
Garson Maalesef. Adana kebap yok.
Margaret Ne var?
Garson Döner var, İskender var, köfte var, piliç var.
Alan Döner kebap lütfen.

Garson	Bir döner. (*turns to Margaret*) Buyurun hanımefendi.
Margaret	Aynı.
Garson	İki döner.
Alan	Ayran var mı?
Garson	Var. İki tane mi?
Margaret	Evet, iki tane.
Garson	Tamam. İki döner kebap, iki ayran. Teşekkür ederim.

garson	*waiter*
Adana kebap	*spicy grilled mincemeat*
döner kebap	*grilled lamb slices*
İskender kebap	*döner kebab on bread with yoghurt and tomato sauce*
köfte	*meatballs*
piliç	*chicken*
aynı	*the same*
iki tane	*two, two pieces* (here *two glasses*)

KOLCUOGLU

KONAK

KEBAP LAHMACUN
ve TATLI SALONU

03

daha koymayın, lütfen!
no more, please!

In this unit you will learn how to
- order a meal
- tell someone what to do
- give simple directions

▶ *Konuşma* Dialogue

Ali and Ayça enter a restaurant.

Garson	Buyurun.
Ali	İki kişilik bir masa lütfen.
Garson	Bu masa nasıl?
Ayça	İyi değil. Köşede. Karanlık. (*indicates a table in the centre of the room*) Şu masa boş mu?
Garson	Boş. Buyurun efendim.

They walk over to the table, sit down, and the waiter brings a menu.

Garson	Buyurun. Mönü.
Ali	Teşekkür ederim. Önce soğuk bir şişe beyaz şarap ve meze lütfen.
Garson	Tabii efendim. Şarap büyük mü, küçük mü?
Ali	Büyük, lütfen.

A minute later the waiter returns with the wine and a large tray full of starters.

Garson	İşte içkiniz ve mezeler. Maalesef şarap biraz sıcak.
Ayça	Buz var mı?
Garson	Buz var efendim. (*turns to young assistant waiter*) Mehmet – hemen buz getir. (*turns back to the guests and begins to place dishes from the tray on the table*) Soğuk mezeler: kavun, acılı, yeşil salata, cacık, karides, patlıcan. Sıcak mezeler: midye tava, kalamar . . .
Ayça	Tamam. Yeter. Daha koymayın, lütfen.
Garson	Tabii hanımefendi. Afiyet olsun.
Ali	(*to Ayça, holding up his glass*) Şerefe.
Ayça	Şerefe.

iki kişilik	*for two people* (literally *two-person type*)
masa	*table*
köşe	*corner*
köşede	*in the corner*
karanlık	*dark*
mönü	*menu*
teşekkür ederim	*thank you*
önce	*firstly*
ve	*and*
meze	*starter*
işte	*here is* (the equivalent of *voilà* in French)

içki	*drink (alcoholic)*
içkiniz	*your drink*
biraz	*a little*
buz	*ice*
hemen	*straight away*
getir	*bring*
kavun	*melon*
acılı	*a spicy starter* (literally *spicy*)
salata	*salad*
cacık	*cucumber in garlic yoghurt*
karides	*prawn*
patlıcan	*aubergine*
midye	*mussels*
tava	*fried*
kalamar	*squid*
yeter	*that's enough*
daha	*more*
koymayın	*do not put*
şerefe	*cheers*

Questions

Answer the following questions about the dialogue.

1 Şarap kırmızı mı?
2 Cacık soğuk meze mi?
3 Mezeler çok mu?
4 Salata kırmızı mı?

ℹ The *meze* tray

When you are in a restaurant in Turkey, you may find that the waiter brings a huge tray full of starters to the table and proceeds to unload them without your having ordered them. The custom is to stop him, choose what you want and send the rest back. A useful word for doing this is given below.

ℹ Restaurant language

The following phrases may prove useful in restaurants. For now, don't worry about their exact meanings.

Yeter.	*That's enough.*
Bakar mısınız!	*Waiter!* (literally *Would you look!*)
Hesap.	*The bill.*

Üstü kalsın.	*Keep the change.*
Et yemiyorum.	*I'm a vegetarian.*
Etsiz yemek ne var?	*What food have you got without meat?*

ℹ️ Word order

In the dialogue above you will have noticed that Turkish uses a different word order to English. Note how the verb comes at the end of a sentence, for example:

buz getir	literally *ice bring*
	(bring some ice)
daha koymayın	literally *more don't put*
	(don't put any more)

You should note how a word which tells you more about another word comes before it. In the example below, *white* tells you more about the wine and *cold* tells you more about the bottle of wine.

| **soğuk bir şişe beyaz şarap** | literally *cold a bottle white wine* |
| | *(a cold bottle of white wine)* |

Turkish word order is something you will quickly get used to. Meanwhile, read sentences right to the end before trying to find an English equivalent. When speaking, on the other hand, do not worry too much about getting things in the correct order, as most of the time the meaning will not be affected.

Language points

1 Commands

Do!

Just as there are two ways of saying *you* (**sen** and **siz**) in Turkish, there are also two ways of telling people what to do – one formal, one familiar.

Here is the familiar way:

| **Gel!** | *Come!* | **Yap!** | *Do!* |
| **Koy!** | *Put!* | **Gül!** | *Smile!* |

To make a formal command, add **-in** to the end of the familiar form:

| **Gel*in*!** | **Yap*ın*!** |
| **Koy*un*!** | **Gül*ün*!** |

The **-in** ending uses i-type vowel harmony. (See Grammar reference, Vowel harmony.)

There is also a very formal form of command, which you will see on warning signs and official notices:

Geliniz!   **Yapınız!**
Koyunuz!   **Gülünüz!**

The -iniz ending also uses i-type vowel harmony.

Don't!

To tell people *not* to do things, add **-me** to the end of an informal command, for example:

| **Gel*me*!** | *Don't come!* | **Yap*ma*!** | *Don't do!* |
| **Koy*ma*!** | *Don't put!* | **Gül*me*!** | *Don't smile!* |

The ending **-me** uses e-type vowel harmony.

For formal negative commands, add **-in** or **-iniz** to the informal negative, for example:

Gelmey*in*!   **Yapmay*ınız*!**
Koymay*ın*!   **Gülmey*iniz*!**

In these formal negative commands, you must insert a buffer -y- to stop two vowels clashing.

2 *-de*, *-e* and *-den* endings

In Turkish, the noun ending **-de** means *at*, *on* or *in*. The ending **-e** means *to*. The ending -den means *from*.

-**de** indicates there's *no movement to or from*
-**e** indicates there's movement *towards*
-**den** indicates there's movement *away from*

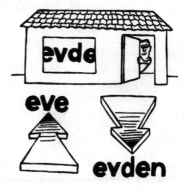

Here are some examples:

Masada otur.	*Sit at the table.*
Bakkala git.	*Go to the grocer's.*
Bankadan bakkala git.	*Go from the bank to the grocer's.*

All these endings follow e-type vowel harmony.

You can translate **-de** as *on*, *at* or *in*, depending on the context. For example:

Kitap masada.	*The book is on the table.*
Ali masada.	*Ali is at the table.*
Köşede masa var.	*There is a table in the corner.*

3 Direct objects

In Turkish it is important to be able to spot the direct object of a verb. So what *is* a direct object?

These commands do not have direct objects:

Git! *Go!* **Otur!** *Sit!*

These commands do have direct objects:

Kadını öp!	*Kiss the woman.*
Kalemi Hakan'a ver!	*Give the pen to Hakan.*
Masadan kahveyi al!	*Take the coffee from the table.*

Question: What are the things that are to be kissed, given or taken? Answer: The woman, the pen and the coffee.

These three things are the direct objects of the commands. They are the things upon which the actions (kissing, giving and taking) are carried out.

4 The equivalent of 'the'

In Unit 2 you learned how, in some simple sentences, Turkish does not distinguish between *a* and *the*. In the case of the direct object of a verb, however, Turkish *does* make a distinction.

For direct objects, the Turkish equivalent of *the* is the ending **-i** (or **-yi** if the noun ends in a vowel). The equivalent of *a* is either **bir** or nothing. For example:

Masadan kalem al.	*Take a pen from the table.*
Masadan kalemi al.	*Take the pen from the table.*
Kahve iç.	*Have a coffee.*
Kahveyi iç.	*Drink the coffee.*
Beyaz bluz giy.	*Wear a white blouse.*
Beyaz bluzu giy.	*Wear the white blouse.*
Araba kullan.	*Use a car.*
Arabayı kullan.	*Use the car.*
Film seyret.	*Watch a film.*
Filmi seyret.	*Watch the film.*

You use *the* in English to talk about *specific* items. Likewise in Turkish, you use the **-i** ending if the direct object is a *specific* item.

5 Endings and personal prounouns

You can add the endings **-i**, **-de**, **-e** and **-den** onto personal pronouns.

Here are some examples:

Öp beni.	*Kiss me.*
Sende para var mı?	*Is there any money on you?*
Benden size.	*From me to you.*
Onları masaya koy.	*Put them on the table.*

When a personal pronoun is the direct object of a verb, you give it an **-i** ending. This is because personal pronouns stand for *specific* things or people.

Here is a table of personal pronouns with their different endings:

'normal'	-i	-e	-de	-den
ben	beni	bana	bende	benden
sen	seni	sana	sende	senden
o	onu	ona	onda	ondan
biz	bizi	bize	bizde	bizden
siz	sizi	size	sizde	sizden
onlar	onları	onlara	onlarda	onlardan

Question: Which items in this table are strange?
Answer: The following are oddities:

- You might expect **ben** plus the ending **-e** to make **bene**. However, it is **bana** instead!

- Likewise, **sen** plus the ending **-e** is **sana**.
- When you add endings to **o**, you need an **-n-** between the **o** and the endings.

Question: Is the **-n-** after **o** acting like a buffer consonant?
Answer: For the **-i** and **-e** endings, yes. However, you also need it with the **-de** and **-den** endings, even though there would be no vowel clash without it!

6 Proper nouns

Names of actual places (for example, Tokyo, the Amazon, Pakistan) or people (for example, Ayşe, Johnson, Fred) are called proper nouns.

In Turkish, when you add endings to proper nouns, you put an apostrophe before the ending. For example:

Türkiye'de.	*In Turkey.*
İstanbul'dan İzmir'e.	*From İstanbul to İzmir.*

7 Consonant changes

d → t

When you add the endings **-de** or **-den** to nouns, sometimes the **d** in these endings becomes **t**. For example:

maçta	*at the football match*
dolapta	*in the cupboard*
saat beşte	*at five o'clock*
sokakta	*in the road*
rafta	*on the shelf*

Question: What do the words **maç**, **dolap**, **beş**, **sokak** and **raf** have in common to cause this change?
Answer: They all end in a 'whispery' (unvoiced) consonant (**-ç**, **-p**, **-ş**, **-k** and **-f**). The **d** in the ending becomes **t** in order to be whispery too. This is similar to vowel harmony, but with consonants!

k → ğ

Watch out for nouns which end in **k** and have a vowel before the **k**. When you give them an ending which begins with (or is) a vowel, you change the **k** to **ğ**. For example:

kazak	*coat*
Kazağı giy!	*Put the coat on.*

mutfak	*kitchen*
Mutfağa git!	*Go to the kitchen!*
sucuk	*garlic sausage*
Sucuğu ye!	*Eat the garlic sausage!*
sokak	*street*
Sokağa bak!	*Look at the street!*

Now look at this example:

| Parka git! | *Go to the park!* |

Question: Why does the k in **park** not become ğ?
Answer: Because the letter before the **k** is not a vowel.

8 The dictionary form of verbs

In Turkish, you give informal commands by using the shortest form of the verb. The shortest form is called the stem. When an English verb appears in a dictionary, it appears as the stem, sometimes with *to* in front of it. The dictionary form of Turkish verbs is the stem plus the ending **-mek**. This dictionary form is called the infinitive.

Here are some informal commands and their corresponding infinitives:

bak	*look!*	bakmak	*to look*
dur	*stop!*	durmak	*to stop*
al	*take or buy!*	almak	*to take or buy*
ver	*give!*	vermek	*to give*
iç	*drink or smoke!*	içmek	*to drink or smoke*
ye	*eat!*	yemek	*to eat*
park et	*park!*	park etmek	*to park (a car)*

The ending **-mek** follows e-type vowel harmony.

Exercises

1 Reorder the sentences below to form a meaningful dialogue.

a – Börek nasıl?
b – Börek, patates tava, midye tava, kalamar.
c – Sıcak meze ne var?
d – Tamam efendim.
e – Çok güzel.
f – Bir börek ve bir kalamar.

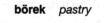
börek *pastry*

2 Fill in the gaps in the sentences below with the endings given in brackets. Make the changes required for vowel or consonant harmony, and insert buffer letters or apostrophes where necessary.

a Bu tren Paris———— mi? (-den)
b Ben———— para var. (-de)
c Cacık———— tuz var. (-de)
d Güneş———— durmayın! (-de)
e Restoran———— erken gitme. (-e)
f Pansiyon———— plaja git. (-den)
g İzmir———— git. (-e)
h Masa———— koy! (-e)
i Ver ben————! (-e)
j Bu kart siz———— mi? (-den)

durmak	to stop
erken	early
kart	card
pansiyon	cheap guest house
para	money
plaj	beach
tuz	salt

3 Match the commands to the situations where you would most likely see or hear them.

a Bakın, alın!   i Sign on a payphone.
b Bana bak!   ii Child speaking to mother.
c Türkiye'ye gelin!   iii Doctor speaking to patient.
d Telefon kartı kullanın! iv Sign on a garage door.
e Park etmeyin!   v Carpet seller speaking to tourist.
f Sigara içmeyin!   vi Tourist board poster.

kullanmak to use	**atmak** to throw (here: to insert)

4 Match these questions and answers.

a Nasıl?   i Ali.
b Ne kadar?   ii İstanbul'dayım.
c Ne zaman?   iii Hemen.
d Neredesiniz?   iv Çok güzel.
e O kim?   v Bir şey yok.
f Şu masada ne var? vi Biraz.

5 Look at this picture of Ali Bey and Gül Hanım, then answer the questions.

a Kaç kişi var?
b Şarap nerede?
c Kedi nerede?
d Rafta ne var?
e Resimde kim var?
f Bu aile mutlu mu?

kedi	cat	resim	picture
raf	shelf	aile	family
mutlu	happy		

6 Study this town plan, then answer the questions below.

Which place will you be looking at if you follow these directions?

a Bakkaldan meydana git. Meydanda sola dön. Plajda sağa dön. Sağa bak.
b Bakkaldan meydana git. Meydanda sağa dön. Camiden sola dön. Sola bak.
c Pansiyondan sağa git. Sağa dön. Meydana git. Meydanda düz git. Plajda sola dön. Sola bak.
d Pansiyondan sağa git. Sağa dön. Meydana git. Meydanda sola dön. Sola bak.
e Lokantadan sola git. Sola dön. Meydana git. Meydanda düz git. Camide sola dön. Sola bak.

meydan	town or village square
sol	left
dönmek	to turn

sağ	right
cami	mosque
düz	straight
lokanta	restaurant

7 Match these set phrases to the situations where you would use them.

a	Afiyet olsun!	i	To someone eating their lunch.
b	Buyurun.	ii	To someone studying hard.
c	Elinize sağlık!	iii	To someone who's just welcomed you.
d	Hoş bulduk!	iv	To the host who has cooked your dinner.
e	Kolay gelsin!	v	To the person to whom you're passing the salt.

8 Referring to the distance chart below, answer the following questions giving the figures in full.

Adana

1166	Edirne				
683	557	Eskişehir			
1037	1662	1318	Kars		
356	890	333	1162	Konya	
748	961	650	778	676	Samsun

a Adana'dan Konya'ya kaç kilometre?
b Edirne, Kars'tan ne kadar uzak?
c Samsun'dan Adana'ya kaç kilometre?
d Samsun, Edirne'den ne kadar uzak?

uzak	*far away*

e Eskişehir, Kars'tan kaç kilometre?

9 Place each of the following consonants in one of the two columns (voiced or unvoiced) on the next page. (Make the sounds which the letters stand for whilst feeling the side of your Adam's apple. When you make a voiced sound, you will feel vibrations. When you make an unvoiced sound there will be no vibration.)

b c ç d f g h j k l m n p r s ş t v y z

Voiced	Unvoiced (whispery)

10 Now make pairs of consonants – find the voiced partners of these unvoiced consonants. The first one has been done for you.

ş – j   p –
ç –   s –
f –   t –
k –

Once you've completed this exercise, try saying the pairs whilst feeling your Adam's apple. Can you feel the difference between the voiced and unvoiced sounds?

11 Look at these signs. Why are there apostrophes before the -e and -den endings on one sign but not on the other?

**ÖMER KAPTAN GEMİSİ
AVŞA – TEKİRDAĞ
AVŞA'dan TEKİRDAĞ'a
HER GÜN HAREKET
SAAT 12'oo de
TEKİRDAĞ'dan AVŞA'ya**

Pazartesi	*Saat*	*17oo*	*de*
Salı		*17oo*	*,,*
Çarşamba		*17*	*,,*
Perşembe		*17oo*	*,,*
Cuma		*19oo*	*da*
Cumartesi		*17oo*	*,,*
Pazar		*17oo*	*,,*

**TEKSTİL
FABRİKADAN
HALKA**

tekstil	textile
fabrika	factory
halk	people, 'folk'
Avşa	an island in the Marmara Sea
Tekirdağ	a port on the Marmara Sea

12 Look at this street sign, then answer the questions below.

dönüş	turning (noun)	yol	way, road
yaya	pedestrian		

a Which words have an -e ending?
b What does the sign mean?

▶ *Konuşma* Dialogue 2

Ali and Ayça have reached the dessert course of their restaurant meal.

Ali	Bu dondurma süper. Baklava nasıl canım?
Ayça	Fena değil. Şimdi kahve istiyorum.
Ali	Ben daha şarap istiyorum.
Ayça	Daha içki içme! Bir kahve iç.
Ali	Ama canım, şişede daha şarap var . . .
Ayça	(*to waiter*) Bakar mısınız!
Garson	Buyurun.
Ayça	İki kahve lütfen.
Garson	Şekerli mi, şekersiz mi?
Ayça	Bana bir sade, ve eşime bir şekerli.
Ali	Ve hesap lütfen.
Garson	Hemen efendim. Afiyet olsun!

dondurma	*ice cream*
süper	*super*
canım	*darling*
istiyorum	*I want*
şeker	*sugar*
şekerli	*with sugar*
şekersiz	*without sugar*
sade	*plain*
hesap	*bill*
hemen	*straight away*

04

şaka yapıyorsunuz!
you're joking!

In this unit you will learn how to
- say what is happening
- talk about your daily routine
- say what will happen shortly
- say what belongs to whom
- say what you have and what you want

▶ *Konuşma* Dialogue

Bengt Attström, a Swede who has been working in İzmir for a couple of years, has just gone into a carpet shop there. He wants a carpet, but does not want to stay too long.

Satıcı   Buyurun. Oturun.

Bengt remains standing, looking at the carpets.

Satıcı   (*offering a cigarette*) İçiyor musunuz?
Bengt   (*tuts*) Teşekkür ederim. Sigara kullanmıyorum.
Satıcı   Çok iyi. Ben de bırakmak istiyorum. Çay?
Bengt   (*tuts*) Teşekkür ederim. Kilimlere bakmak istiyorum.
Satıcı   Tabii efendim. Buyurun, oturun.

Bengt remains standing, looking at the carpets.

Satıcı   Do you speak English?
Bengt   İngiliz değilim. İsveçliyim.
Satıcı   İsveçlisiniz! Vallahi, İsveççe bilmiyorum. Çok iyi Türkçe konuşuyorsunuz.
Bengt   Sağ olun. Acelem var. İşime gidiyorum.
Satıcı   Tamam abi. Kilim mi, halı mı istiyorsunuz?
Bengt   Kilim.
Satıcı   Hangi renk? (*holds up a rug*) Bu mavi kilim çok güzel.
Bengt   Güzel. Ama ben yeşil istiyorum.
Satıcı   (*pulls out a green rug*) Bu motif nasıl?
Bengt   Şu motif çok güzel. Çok iyi, ama kilim çok büyük.
Satıcı   Bir dakika. Daha küçük istiyorsunuz . . .

The salesman sorts through a pile of rugs and finds a smaller version.

Satıcı   İşte! Hemen hemen aynı, ve daha küçük.
Bengt   Evet, çok güzel. Ne kadar?
Satıcı   Bu kilim çok özel, çok kaliteli.
Bengt   Kaç para?
Satıcı   Kırk milyon.
Bengt   Allah Allah. Şaka yapıyorsunuz. Yirmi milyon?
Satıcı   Kırk milyon efendim. Pazarlık yapmıyoruz bu dükkanda.

satıcı	*salesperson*
oturmak	*to sit, to live*
içmek	*to smoke or to drink*
içiyor musunuz?	*do you smoke?*
kullanmak	*to use*
sigara kullanmıyorum	*I don't smoke*

de	also, too
bırakmak	to stop, give up
istiyorum	I want
kilim	rug, kilim
İsveçli	Swedish (nationality)
vallahi!	good grief!
İsveççe	Swedish (language)
bilmek	to know
bilmiyorum	I don't know
konuşmak	to speak
konuşuyorsunuz	you speak
acele	hurry
acelem var	I'm in a hurry
gidiyorum	I'm going
abi	'big brother'
halı	carpet
mavi	blue
motif	design, pattern
dakika	minute
istiyorsunuz	you want
sevmek	to like or love
daha küçük	smaller
hemen hemen	almost
özel	special
kaliteli	quality (lit.: with quality)
kaç para?	how much money?
Allah Allah!	good heavens!
şaka	joke
yapıyorsunuz	you are making
pazarlık yapmak	to bargain, haggle
pazarlık yapmıyoruz	we don't bargain
dükkan	shop

Questions

Answer the following questions about the dialogue.

1 Bengt sigara kullanıyor mu?
2 Satıcı İsveççe biliyor mu?
3 Bengt ne renk kilim istiyor?
4 Satıcı kaç lira istiyor?

ℹ Haggling

Initial asking prices for such items as carpets and leather goods, especially in bazaars and holiday resorts, usually allow plenty of room for negotiation.

ℹ Addressing people: *Abi* and *abla*

Two words you will often hear in Turkey are **abi** and its female equivalent **abla**. Literally, they mean *big brother* or *big sister*. They are used as a friendly and respectful way of addressing people older than yourself. Listen out for one of them when a shoeshine boy approaches you.

ℹ 'No, thank you'

When Bengt is offered a cigarette, he refuses by saying **teşekkür ederim**. In this situation, *thank you* is taken to mean *no, thank you*. This can lead to misunderstandings (and very hungry foreigners!) at a Turkish dinner table. To accept an offer, use **lütfen**.

ℹ *Ben de*: 'Me too'

The salesman says **ben de**, meaning *me too*. The *words* **de** and **da** mean *too* or *also*. Do not confuse them with the *endings* **-de** and **-da** which mean *in*, *on* or *at*.

Language points

1 The *-iyor* present tense

What's happening

To say what is happening right now, you use the **-iyor** present tense. To make this form you take the following steps:

Action	Example
Take the stem of a verb	iç
Add **-iyor** to the end	**içiyor**
Add the relevant part of the verb *to be*.	içiyor**um**

Although not strictly correct, for the moment you could think of **-iyor** as an equivalent of the English ending *-ing*. Thus, you might literally translate **içiyorum** as follows:

iç	-iyor	-um
drink	*-ing*	*I am*

Here are some more examples:

English	Verb stem	-ing	'am, are', etc.
I am coming	gel	-iyor	-um
you are selling	sat	-ıyor	-sun
she is driving	sür	-üyor	
we are writing	yaz	-ıyor	-uz
you are buying	al	-ıyor	-sunuz
they are running	koş	-uyor	-lar

Note that **-iyor** has four forms because it follows i-type vowel harmony. Note that **-um**, **-sun**, **-uz** and **-lar** all harmonize with the **o** in **-iyor**.

Grammar books call this tense the present continuous tense.

What's not happening

The negative forms of Turkish verbs always have **-me-** after the verb stem. Here are some negative forms of the **-iyor** present tense:

English	Verb stem	'not'	-ing	'am, are', etc.
I'm not coming	gel	**-m**	-iyor	-um
you're not selling	sat	**-m**	-ıyor	-sun
she's not driving	sür	**-m**	-üyor	
we're not going	git	**-m**	-iyor	-uz
you're not smiling	gül	**-m**	-üyor	-sunuz
they're not running	koş	**-m**	-uyor	-lar

Because **-iyor** begins with a vowel, and **-me** ends in one, you avoid a clash of vowels by removing the **e** from **-me-**.

What's happening?

To turn **geliyorsunuz** into a question, follow these steps:

Action	Example
Take the present form of the verb.	geliyorsunuz
Split the word in two. The second word is the part of the verb *to be*.	geliyor sunuz
Replace the second word with its question form.	geliyor **mu**sunuz?

Here are some more examples:

Statement	Question
bakıyorum	bakıyor **muyum**?
sürüyorsun	sürüyor **musun**?
geliyor	geliyor **mu**?
veriyoruz	veriyor **muyuz**?
gülüyorsunuz	gülüyor **musunuz**?
koşuyorlar	koşuyorlar **mı**?

Note that the *they* form differs from all the rest by putting **mı** right at the end rather than in the middle.

Here are some negative questions:

Negative statement	Question
bakmıyorum	bakmıyor muyum?
sürmüyorsun	sürmüyor musun?
gelmiyor	gelmiyor mu?
vermiyoruz	vermiyor muyuz?
gülmüyorsunuz	gülmüyor musunuz?
koşmuyorlar	koşmuyorlar mı?

Stress

When saying the positive form of a verb, all parts (or syllables) of the word have an equal stress. In the negative, you stress the syllable immediately before the **-me**. In the table below, the stressed syllables are in capitals.

Positive	Negative
gel – i – yor – um	GEL – mi – yor – um
o – tur – u – yor – um	o – TUR – mu – yor – um
al – ı – yor	AL – mı – yor
piş – ir – i – yor	piş – İR – mi – yor

Warning! When speaking, using this stress is just as important as adding the negative ending.

2 Using the *-iyor* present tense

You use the present continuous tense for:

Purpose	Example	Translation
describing something happening now	Futbol oynuyorlar.	*They're playing football.*
stating an unchanging fact	Sigara kullanmıyorum.	*I don't smoke.*
describing a habitual or repeated action	Sık sık plaja gidiyorum.	*I often go to the beach.*
describing something that will happen soon.	Bu akşam geliyorum.	*I'm coming this evening.*

3 Avoiding vowel clashes

You have seen how Turkish avoids vowel clashes by using the buffer consonants **-y-** and **-n-**. When making the **-iyor** form of a verb, you avoid vowel clashes in another way – by removing one of the vowels!

The stem of the verb **başlamak** is **başla**. When forming the present tense of this verb, putting **başla** together with **-iyor** causes a clash of vowels. To avoid this clash you knock the **a** off **başla**.

*başla*mak	*to start*
*Başl*ıyorum.	*I'm starting.*

Here are two other verbs with similar problems:

*bekle*mek	*to wait*
*Bekl*iyorsunuz.	*You're waiting.*
*ye*mek	*to eat*
*Yi*yor.	*He's eating.*

In the negative form, the stems of the above verbs are not followed by a vowel, but are followed by **-m**. In this case you leave the stems intact:

*Başla*mıyorum.	*I'm not starting.*
*Bekle*miyorsunuz.	*We're not waiting.*
*Ye*miyor.	*He's not eating.*

4 Possessives

The possessor ending -*in*

To convey the idea that something owns something else, you place a 'possessor' ending on the thing doing the possessing. In English, the possessor form of *you* is *your* and of *John* is *John's*.

In Turkish, the possessor ending is **-in**, (or **-nin** after a noun ending in a vowel). Here are some examples:

Singular		Plural	
kız**ın**	*the girl's*	kızlar**ın**	*the girls'*
anne**nin**	*mother's*	anneler**in**	*the mothers'*
müdür**ün**	*the director's*	müdürler**in**	*the directors'*
firma**nın**	*the firm's*	firmalar**ın**	*the firms'*

The possessed ending -*i* or -*si*

In English, in the phrase *the doctor's house*, we only add an ending on the possessor – the doctor. In Turkish you also put an ending on the thing which is possessed – the house.

The 'possessed' ending is **-i**, (or **-si** after the noun ending in a vowel). For example:

doktor**un** ev**i**	*the doctor's house*
kızlar**ın** anne**si**	*the girls' mother*
firma**nın** müdür**ü**	*the firm's director*
futbolcu**nun** baba**sı**	*the footballer's father*

The word **su** is an exception. Its possessed ending is **-yu** rather than **-su** (presumably because **susu** would sound a bit daft). For example:

Şu Ali'nin su**yu**!	*That's Ali's water!*

In grammar books, the possessives are called 'genitive' forms.

5 Possessives and personal pronouns

The possessor ending

You can add the possessor ending **-in** to personal pronouns:

ben**im**	*my/mine*
sen**in**	*your/yours* (informal)
on**un**	*his*
biz**im**	*our/ours*

| sizin | your/yours (formal) |
| onların | their/theirs |

Note how **ben** and **biz** are slightly odd – their ending is **-im** rather than **-in**. Note also the buffer **-n-** in **onun**.

The possessed ending

The possessed ending has different forms to match the personal pronouns:

Noun ending in a consonant		Noun ending in a vowel	
benim evi**m**	my home	benim anne**m**	my mother
senin evi**n**	your home	senin anne**n**	your mother
onun evi	his/her/its home	onun anne**si**	his/her/its mother
bizim evi**miz**	our home	bizim anne**miz**	our mother
sizin evi**niz**	your home	sizin anne**niz**	your mother
onların evi	their home	onların anne**si**	their mother

You met the **-im** and **-iniz** endings in Unit 2.

When a noun has a possessed ending, you can usually leave out the personal pronouns. However, it is probably best if you don't leave out **onların**. This will avoid confusion between *his* and *their*.

6 Saying what you've got

To say the equivalent of *I've got a daughter*, in Turkish you say *There is my daughter*. Here are some examples:

Kızım var.	I've got a daughter.
Araban var.	You've got a car.
Odanın banyosu var mı?	Has the room got a bath?
Duşumuz yok.	We haven't got a shower.
Kibritiniz yok mu?	Haven't you got a match?
Onların arabası yok.	They haven't got a car.

7 *-li* and *-siz* endings

The endings *-li* and *-siz* mean *with* and *without*.

balkon**lu**	*with a balcony*
şeker**siz**	*without sugar, sugar-free*
süt**lü**	*with milk*
yağ**sız**	*without oil, fat-free*

You've already seen words constructed using these endings:

uzun ömür*lü*	*long-life* (literally *with long life*)
et*siz*	*without meat*

Note how -li follows i-type vowel harmony. These words ending in -li and -siz are adjectives.

You can add -li onto the name of a country to give the nationality.

Kanada	*Canada*	**Kanadalı**	*Canadian*
Çin	*China*	**Çinli**	*Chinese*
Irak	*Iraq*	**Iraklı**	*Iraqui*

Note that not all nationalities are formed in this way. Here are some exceptions:

Japonya	*Japan*	**Japon**	*Japanese*
Macaristan	*Hungary*	**Macar**	*Hungarian*
Rusya	*Russia*	**Rus**	*Russian*

You can also add -li onto the end of town names:

Londralı	*Londoner*
İstanbullu	*a person from Istanbul*
nereli?	*what nationality? where from?*

8 *İstemek*

You can use the verb **istemek** with a noun or a personal pronoun, for example:

Bir kilo domates istiyorum.	*I want a kilo of tomatoes.*
Seni istiyorum.	*I want you.*

You can also use it with the infinitive of a verb, for example:

Gitmek istiyorum.   *I want to go.*
Seni görmek istiyorum.   *I want to see you.*

Exercises

1 Read this postcard from Istanbul. Fill in the gaps using the words listed here.

geçiyor   gidiyorum   içiyorum   istiyorum
oturuyorum   yazıyorum

Sevgili Kate,

Sana İstanbul'dan __ (a) __. Şimdi Boğaz'da bir
lokantada __(b)__ ve kahve __(c)__. Deniz,
manzara ve hava çok güzel. Tatil güzel __(d)__.
Yarın İzmir'e __(e)__. Orada bir hafta kalmak
istiyorum. Efes'e de gitmek __ (f)__.

Sevgilerle,
Asuman

---

sevgili	*dear*	**yarın**	*tomorrow*
Boğaz	*the Bosphorus*	**geçmek**	*to pass*
manzara	*view, panorama*	**sevgilerle**	*with love*

2 The sentences below describe a typical day for Pınar. They are, however, jumbled up. Place them in the correct order.

a Akşam yemeği yiyor.
b Saat yedide kahvaltı yapıyor.
c Öğleden sonra kütüphanede ders çalışıyor.
d Pınar erken kalkıyor, ve duş yapıyor.
e Saat beşte eve dönüyor.
f Saat onbirde yatıyor.
g Saat onikide büfede sandviç yiyor.
h Saat sekizde Marmara Üniversitesi'ne gidiyor.
i Sabah derslerine giriyor.

akşam yemeği	*dinner, evening meal*
ders	*lesson*
ders çalışmak	*to study* (for a course)
öğleden sonra	*afternoon*
kütüphane	*library*
kalkmak	*to get up*
duş yapmak	*to take a shower*
saat	*hour*
saat beşte	*at five o'clock*
yatmak	*to go to bed, lie down*
sandviç	*sandwich*
üniversite	*university*
girmek	*to enter, to go into*
dönmek	*to return/to turn*

3 Build meaningful sentences taking one item from each of the three columns.

a	Ekmekçi	kilimleri	çalıyor.
b	Kitapçı	kitapları	yapıyor.
c	Halıcı	spor	satıyor.
d	Futbolcu	ekmek	satıyor.
e	Müzisyen	piyano	pişiriyor.

çalmak	*to play* (an instrument)
müzisyen	*musician*
pişirmek	*to bake, to cook*

4 Look at the town plan of Istanbul below and then answer the questions.

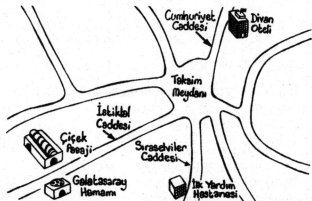

a Cumhuriyet Caddesi Galatasaray Hamamı'na gidiyor mu?
b Hangi yol Taksim'den ilk yardım hastanesine gidiyor?
c Hangi yol Çiçek Pasajı'ndan Taksim'e gidiyor?
d Cumhuriyet Caddesi Divan Oteli'nden hangi meydana gidiyor?

cadde	*street, avenue*	**ilk yardım**	*first aid*
hamam	*Turkish bath*	**nereden**	*from where*
hastane	*hospital*	**nereye**	*to where*

5 Create meaningful sentences using one item from each of the three columns.

a	Bu restoranın	başkenti	tatsız.
b	Finlandiya'nın	yolları	Helsinki.
c	Bu odanın	saçları	İngilizce.
d	İstanbul'un	dili	kirli.
e	Kızımın	tuvaleti	kalabalık.
f	Amerikalıların	yemekleri	sarı.

başkent	*capital city*	**kirli**	*dirty*
tatsız	*tasteless*	**sarı**	*yellow, blonde*
dil	*language, tongue*	**kalabalık**	*crowded*

6 Study the family tree below and then answer the questions.

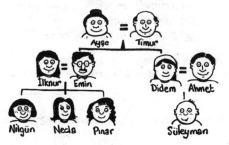

a Emin'in babası kim?
b Didem kimin eşi?
c Emin'in kızkardeşi kim?
d Necla'nın büyükbabası kim?
e Pınar'ın kuzeni kim?
f Timur'un kaç çocuğu var?
g Ayşe, Nilgün'ün anneannesi mi?
h Süleyman'ın kaç kuzeni var?
i Pınar, Didem'in teyzesi mi?
j Ayşe'nin erkek torunu kim?

baba	father
kız	daughter
oğul	son
kardeş	brother or sister
büyükbaba	grandfather (father's father)
kızkardeş	sister
anneanne	grandmother (mother's mother)
anne	mother
kuzen	cousin
teyze	aunt (mother's sister)
torun	grandchild

7 Referring to the family tree above, read the following passage and answer the question.

Bugün Timur'un doğum günü. Timur altmış yaşında. Bu akşam onun ailesi lüks bir restorana gidiyor. Emin gitmek istiyor, ama hasta. Eşi ve çocukları gidiyorlar. Süleyman evde kalıyor, çünkü çok küçük. Annesi restorana gidiyor ama babası evde kalıyor ve çocuğa bakıyor. Timur da restorana gidiyor tabii. Restorana tam kaç kişi gidiyor?

bugün	today
doğum günü	birthday
yaşında	years old
bütün	whole
olmak	to be, to become
lüks	first class, 'luxurious'
hasta	ill
çocuğa bakmak	to look after a child
tam	exactly

8 Match the colours to the appropriate nouns.

a sütlü çay   i beyaz
b çimen   ii kahverengi
c Türkiye'de deniz   iii kırmızı
d domates   iv mavi
e gece   v turuncu
f portakal   vi sarı
g muz   vii siyah
h yoğurt   viii yeşil

çimen	grass	**turuncu**	orange (colour)
kahverengi	brown	**sarı**	yellow
domates	tomato	**muz**	banana
havuç	carrot	**yoğurt**	yoghurt
portakal	orange (fruit)		

9 There are ten Turkish items of food or drink hidden in this square. One has been found for you.

ü	ş	ö	e	k	m	e	k
s	a	l	a	t	a	y	ğ
ğ	r	e	k	a	v	u	n
c	a	c	ı	k	ı	m	e
ı	p	o	ö	ş	ö	u	z
o	ı	t	ç	b	i	r	a
ç	s	u	ğ	s	ü	t	a
p	a	t	l	ı	c	a	n

▶ *Konuşma* Dialogue 2

Ten minutes later, the discussion in the carpet shop between Bengt and the salesman is still going on.

Bengt Yirmibeş milyon.
Satıcı Olmaz. Bakın, biz böyle kilimleri yirmibeş milyona alıyoruz.
Bengt Yirmialtı o zaman.
Satıcı Otuz. Daha ucuz satmıyoruz.
Bengt Otuz da çok. En son fiyatınız ne?
Satıcı Fiş istiyor musunuz?
Bengt İstemiyorum.
Satıcı Fişsiz, yirmisekiz milyon.
Bengt Tamam. Yirmisekiz iyi.
Satıcı Oldu efendim. Kilim sizin.

olmaz	no, it's not on
böyle	like this
yirmibeş milyona	for twenty-five million
o zaman	in that case
satmak	to sell
en son	last, final
fiyat	price
fiş	official VAT receipt
fişsiz	without a receipt
oldu	right, OK, that's settled

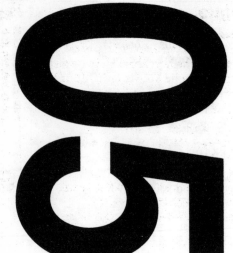

05

çok beklediniz mi?

have you been waiting long?

In this unit you will learn how to
- make introductions and be introduced
- talk about the past
- say what has happened
- tell the time

▶ *Konuşma* Dialogue

Ted is an American engineer working on a new project in Turkey. He has flown into Ankara, taken a taxi to his hotel, and after freshening up is now entering the hotel bar. Here he meets his Turkish clients: Kerim Bey, whom he knows, and Müfit Bey whom he has not met before. He is a little late.

Kerim Bey	Ted! Nasılsınız?
Ted	Teşekkür ederim. Çok iyiyim. Ya siz?
Kerim Bey	Teşekkür ederim, Ted. Müfit Beyi tanımıyorsunuz, değil mi? Ted Bey, Müfit Bey.
Müfit Bey	Memnun oldum.
Ted	Ben de çok memnun oldum Müfit Bey. Nasılsınız?
Müfit Bey	Teşekkür ederim. Hoş geldiniz.
Ted	Hoş bulduk. Geç kaldım. Affedersiniz. Çok beklediniz mi?
Müfit Bey	Önemli değil. Buyurun, oturun.
Kerim Bey	Yolculuk nasıldı?
Ted	Çok iyiydi. Çabuk geçti. Film seyrettim, radyo dinledim, biraz da uyudum.
Müfit Bey	Nereden geliyorsunuz? Miami'den mi?
Ted	Miami'den geliyorum ama, uçağım Frankfurt'ta durdu.
Kerim Bey	Orada çok beklediniz mi?
Ted	Çok beklemedik. Bir saat falan.

The waiter arrives.

Garson	Buyurun Beyler.
Kerim Bey	Ne içiyoruz? Şarap mı, rakı mı?
Müfit Bey	Ben tek bir rakı istiyorum.
Ted	Benim için de rakı lütfen.
Kerim Bey	Tek mi, duble mi?
Ted	Tek, lütfen.
Kerim Bey	(*to waiter*) İki tek, bir duble rakı, ve çerez.
Garson	Hemen efendim.

ya siz?	*and you?* (set phrase)
tanımak	*to know someone, to be acquainted with*
memnun oldum	*pleased to meet you* (literally *I became happy*)
geç kalmak	*to be late*
geç kaldım	*I'm late* (lit. *I was late*)
affedersiniz	*I'm sorry, excuse me*
beklediniz mi?	*have you been waiting? did you wait?*
önemli	*important*

önemli değil	never mind
yolculuk	journey
. . . nasıldı	how was it? how was . . .?
iyiydi	it was good
geçti	it passed
çabuk	quick, quickly
seyretmek	to watch
seyrettim	I watched
dinledim	I listened
uyudum	I slept
uçak	aeroplane
durmak	to stop
durdu	it stopped
orada	there
beklemedik	we didn't wait
falan	roughly, or so
benim için	for me
tek rakı	a single **rakı**
duble rakı	a large **rakı**
çerez	nibbles (usually roasted nuts and chickpeas)

Questions

Yanlış mı, doğru mu?

1 Ted geç kaldı.
2 Ted, Kerim Beyi tanıyor ama Müfit Beyi tanımıyor.
3 Ted'in uçağı altmış dakika falan Almanya'da durdu.
4 Müfit alkol kullanmıyor.

ℹ️ *Nasılsınız? Teşekkür ederim!*

In Turkish, the most common response to *how are you?* is simply *thank you*. There is no need to say *fine* or *I'm well* as we do in English.

ℹ️ *Rakı*

Turks are proud of their national drink, **rakı**. It tastes of aniseed and is drunk mixed with water. Order a **rakı** rather than an imported drink and you will impress a Turkish host.

ℹ️ *İyiydi*

Note how you insert a y between **iyi** and the ending **-di** in order to help pronunciation. This is despite the fact that there is no clash of vowels!

ℹ️ *Radyo dinledim*

When Ted says **radyo dinledim** you would translate it as *I listened to the radio*. However, the word **radyo** does not have the **-i** ending which is the Turkish equivalent of *the*. This is because *to listen to the radio* is a set phrase in English – it does not actually mean a specific radio. In Turkish, you only use the **-i** ending when you are referring to a specific object. As far as the Turks are concerned, Ted was listening to *a* radio.

ℹ️ *Çok beklediniz mi?*

Note how this question appears twice in the dialogue. The first time Ted uses it to ask *have you been waiting long?* The second time, Kerim Bey asks *Did you wait long?* Turkish has no equivalent of the English *have been* tense, so you use the past tense instead.

Later in this book you will discover that, in some specific cases, Turkish uses a present tense where we use *have done* in English. There is an example of this in the dialogue: you would translate **Nereden geliyorsunuz?** as *where have you come from?*

Language points

1 The past tense

The past form of 'to be'

You can spot the past tense by an ending which includes **-di**.

Present	Past
zengin**im** (*I am rich*)	zengin**dim** (*I was rich*)
zengin**sin**	zengin**din**
zengin	zengin**di**
zengin**iz**	zengin**dik**
zengin**siniz**	zengin**diniz**
zengin**ler**	zengin**diler**
	or zengin**lerdi**

If you put these endings on a word which ends in a vowel, add a **-y-** as well, for example:

İyiydim.   *I was good/well.*
Satıcıydı.   *It was a salesperson.*

You say *was not* by using the word **değil** with the above endings. For example:

Mutlu değil*dim*.	*I wasn't happy.*
Soğuk değil*di*.	*It wasn't cold.*
Hazır değil*lerdi*.	*They weren't ready.*

The past form of verbs

To make the simple past tense of a verb do the following:

Action	Example
Take the stem of the verb.	gel
Add the past form of the verb *to be*.	gel**dim**

Here are some more examples:

gel***dim***	*I came*	git***tik***	*we went*
gül***dün***	*you smiled*	başla***dınız***	*you started*
seyret***ti***	*he watched*	bekle***diler***	*they waited*

To make a past verb negative, add **-me** onto the stem of the verb.

Here are some negative and question forms:

I didn't come	Did I come . . . ?	Didn't I come . . . ?
gelmedim	geldim mi?	gelmedim mi?
gülmedin	güldün mü?	gülmedin mi?
seyretmedi	seyretti mi?	seyretmedi mi?
gitmedik	gittik mi?	gitmedik mi?
başlamadınız	başladınız mı?	başlamadınız mı?
beklemediler	beklediler mi?	beklemediler mi?

Note how the **mi?** comes *after* the personal endings. Compare this with the question forms of the **-iyor** present tense in Unit 4.

2 Using the past tense

Translating 'have done'

Turkish does not have an equivalent of the English tense *have done*. Instead, you often use the past tense, for example:

In these sentences the car is again the object of the verbs. However, it does not have the direct object ending -i, but has the *to* ending -e (in this case -a) instead.

Question: Why?
Answer: Because some verbs, including **bakmak, aşık olmak** and **binmek**, insist on their objects taking the -e ending instead of the -i ending.

Now look at these sentences:

Melek arabadan bıktı.	*Melek got fed up with the car.*
Melek arabadan indi.	*Melek got out of the car.*
Melek arabadan nefret etti.	*Melek hated the car.*

In these sentences the car is again the object of the verbs. However, it has the *from* ending -**den** (in this case -**dan**) instead.

Question: Why?
Answer: Because some verbs, including **bıkmak, inmek** and **nefret etmek**, insist on their objects taking the -**den** ending.

In the glossary at the end of this book, verbs which insist on their objects taking the -**e** or -**den** endings appear like this:

binmek (-e)
inmek (-den)

Assume that all others use the -i ending.

6 'For'

İçin means *for, for the sake of* or *because of*.

When **için** refers to a personal pronoun, give the pronoun a possessor ending. For example:

ben**im** için	*for me, for my sake*
Sen**in** için aldım.	*I bought it for you.*
on**un** için	*for him/her, because of that, that's why*
bu**nun** için	*because of this, this is why . . .*

When **için** refers to a noun, you do not give the noun an ending. For example:

Bu bira Ahmet için.	*This beer is for Ahmet.*
Bebek için hediye aldım.	*I bought a present for the baby.*

An alternative way of saying *for* is to use the ending -**e**. Here are some examples:

Bu bira Ahmet'e.	*This beer is for Ahmet.*
Bebeğe hediye aldım.	*I bought a present for the baby.*
Bana bir bira.	*A beer for me.*
Beş bin liraya.	*For five thousand lira.*

7 Question words

You can add various endings or the word **için** onto question words such as **ne** or **kim**. Here are some examples of the resulting meanings:

	-i	-e	-de	-den	-in	-için
ne	neyi (*what*)	niye (*why*)	nerede (*where*)	neden (*why*)	neyin (*of what*)	niçin (*why*)
kim	kimi (*whom*)	kime (*to whom, who for*)	kimde (*on whom*)	kimden (*who from*)	kimin (*whose*)	kim için (*who for*)

You could probably have guessed the meanings of most of these combinations. Note, however, all the alternative ways of asking *why?*

8 Word order

You place the words **mi** and **de** (meaning *also*) directly *after* the words they refer to.

Study these sentences with **mi**:

Bana bira getiriyor musun?	*Are you getting me a beer?*
***Bana mı* bira getiriyorsun?**	*Am I the person you're getting a beer for?*
Bana *bira mı* getiriyorsun?	*Is it beer that you're getting me?*

Now study these sentences with **de**:

| ***Bana da* bir bira getirin.** | *Bring a beer for me, too.* (meaning as well as for my friend) |
| **Bana *bir bira da* getirin.** | *Bring me a beer as well.* (meaning as well as some food) |

Exercises

1 Match these questions and answers.

a Adınız ne?   i Yarım.
b Ne öğreniyorsunuz?   ii Dokuzyüzbin lira.
c Kaça?   iii Elektrikçi.
d Mesleğiniz ne?   iv Güney Afrikalı.
e Nerelisiniz?   v Konya'da.
f Nerede oturuyorsunuz?   vi Türkçe.
g Saat kaç?   vii Didem İbrikçibaşoğlu.
h Bu kim için?   viii Hakan'da.
i Para kimde?   ix Öğrenmek için.
j Gazeteyi niye okuyorsunuz? x Benim için.

2 Fill in the gaps below using words from the list in order to make meaningful compound nouns. Add or alter endings where necessary. The first one has been done for you.

çorba   durak   kaset   kahve   makine   otel

a Türk <u>kahvesi</u>
b domates _____
c Hilton _____
d otobüs _____
e fotoğraf _____
f müzik _____

> **durak** *stop*   **makine** *machine, apparatus*
> **çorba** *soup*

3 Fill in the gaps with possessive endings, and remember to make any necessary changes to the spellings of the words.

a David_____ kedisi geldi.
b Benim yemek_____ bitti.
c İrlanda_____ başkenti Dublin.
d Ali gelmiyor. Anne_____ hasta.
e Sizin araba_____ çalışıyor mu?

> **bitmek** *to finish*   **çalışmak** *to work*
> **İrlanda** *Ireland*

4 All the alternatives listed overleaf are grammatically correct, but which ones are appropriate for the given situation? One or more may be suitable.

a You want to tell someone you understand what they are telling you.

    i Anlıyorum.   iii Biliyorum.

    ii Anladım.

b Your boss has just told you that her husband is very ill.

    i Özür dilerim.   iii Affedersiniz.

    ii Geçmiş olsun!

c A shopkeeper shows you a dress. You don't like it.

    i Sevmiyorum.   iii Sevmedim.

    ii Güzel değil.

d A shopkeeper has just asked a high price for an object.

    i Çok para.   iii Pahalı geldi.

    ii Çok pahalı.

e You are late for a meeting. What do you say?

    i Pardon.   iii Özür dilerim.

    ii Affedersiniz.

f You want to get past someone who is standing in your way.

    i Bir dakika.   iii Affedersiniz efendim.

    ii Pardon.

5 Look at this sign and then answer the questions below.

a What is the compound noun?

b Which word is the direct object of the verb?

c Which letters are buffer consonants?

d Translate the sign into English.

çöp	rubbish	**kutu**	box
çöpler	pieces of rubbish		

6 Match the doers with their actions.

a Arşimet	i Amerika'yı keşfetti
b Şarlo	ii çok komik filmler yaptı
c Kristof Kolomb	iii denizde battı
d The Beatles	iv komünist bir politikacıydı
e Titanik	v pop müziği grubuydu
f Vladimir İlyiç Lenin	vi ünlü bir matematikçiydi

batmak	*to sink*	**politikacı**	*politician*
komik	*funny*	**keşfetmek**	*to discover*
ünlü	*famous*	**Şarlo**	*Charlie Chaplin*
grup	*group (pop group)*	**Arşimet**	*Archimedes*

7 How many compound nouns can you find on this museum ticket?

kültür	*culture*	**müze**	*museum*
bakanlık	*ministry*	**giriş**	*entry*
Efes	*Ephesus*		

8 Answer the following questions using the figures shown in brackets. The first one has been done already.

a Saat kaçta kalkıyor? (8.00)
  Saat sekizde.
b Ekspres otobüs ne zaman geliyor? (7.30)
c Ankara'ya kaç saat? (1.00)
d Film saat kaçta başlıyor? (9.00)
e Şimdi saat kaç? (12.30)

f Film ne kadar uzun? (2.00)
g Tokyo'da saat kaç? (3.00)

9 Examine this diagram and then answer the questions.

a Hakan kimi seviyor?
b Hakan'ı kim seviyor?
c Nilgün'e kim aşık?
d Nilgün kime aşık?
e Nilgün'den kim nefret
ediyor?
f Yusuf kimden nefret
ediyor?

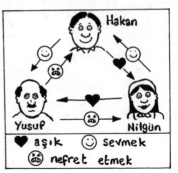

10 Match these questions and answers.

a Niçin ağlıyorsun?   **i** Çünkü çok yoruldu.
b Neden bağırıyorsun?   **ii** Çünkü cüzdanımı kaybettim.
c Niye telefon ettin?   **iii** Çünkü sizden korktuk.
d Ne için erken yatıyor?   **iv** Çünkü dinlemiyorsun.
e Neden gelmiyor?   **v** Çünkü onu seviyorum.
f Niye bana sormadınız?   **vi** Konuşmak için.
g Neden onu öptün?   **vii** Çünkü meşgul.

ağlamak	*to cry*
bağırmak	*to shout*
cüzdan	*purse, wallet*
...sormak (-e)	*to ask someone*
konuşmak	*to talk, converse*
meşgul	*busy, occupied*
...korkmak (-den)	*to be afraid of...*
kaybetmek	*to lose*

▶ *Konuşma* Dialogue 2

A couple of hours later, Ted and Müfit are in the hotel restaurant. Kerim is phoning his wife, Sema, to say he'll be late.

Sema Alo?
Kerim Ben Kerim. Ne haber?
Sema İyilik. Nereden arıyorsun?
Kerim Ted'in otelinden. Geç kaldım, biliyorum, ama çok konuştuk.
Sema Tamam. Ne zaman geliyorsun?

Kerim	Tam bilmiyorum. Bir saat filan sonra.
Sema	Çok içtiniz mi?
Kerim	Biraz içtik.
Sema	Arabayı otelde bırak. Taksiye bin, lütfen.
Kerim	Yok yok, sarhoş değilim. Az içtim.
Sema	Peki. Ted nasıl?
Kerim	Yorgun ama iyi.
Sema	Pazar günü bize öğle yemeği için geliyor mu?
Kerim	Sormadım. Gelecek galiba.
Sema	Sor. Unutma. Benden selam söyle.
Kerim	Tamam. Hadi, hoşça kal.
Sema	Hoşça kal.

haber	*news*
ne haber?	*what's new? how are things?*
iyilik	*fine* (the set response to **ne haber?**)
aramak	*to telephone, to seek*
sonra	*later*
bir saat sonra	*in an hour's time, an hour later*
bırakmak	*to leave* (something)
sarhoş	*drunk*
yorgun	*tired*
pazar	*Sunday*
pazar günü	*on Sunday*
öğle yemeği	*lunch*
sormak	*to ask*
gelecek	*he will come*
galiba	*presumably, I think*
unutmak	*to forget*
selam söyle	*say hello*
hadi	*right, OK*

06

yarın erken kalkacağım

I'll get up early tomorrow

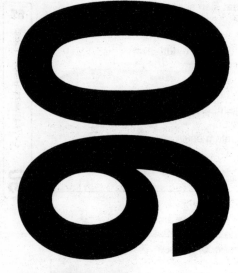

In this unit you will learn how to
- talk about the future
- make suggestions
- say where things are in relation to each other

▶ *Konuşma* Dialogue

Sarah is an English language teacher working in the town of Bursa. Berkant is one of her Turkish colleagues. They meet in the corridor of the language school where they work.

Berkant	Bu akşam ne yapıyorsun?
Sarah	Bilmiyorum. Niçin soruyorsun?
Berkant	İki arkadaşla lokantaya gidiyoruz. Bizimle gelsene.
Sarah	Teşekkür ederim, hayır. Geç yatmak istemiyorum çünkü yarın işe erken geleceğim. Saat sekizde dersim var.
Berkant	Fark etmez. Hadi, gel bizimle.
Sarah	Bilmiyorum. Emin değilim.
Berkant	Hadi. Yarın ben de erken kalkacağım. Sabah erken benim de dersim var. Geç dönmeyeceğiz, vallahi.
Sarah	Arkadaşların kimler?
Berkant	Cenk ve Hans. Cenk'i tanıyorsun. Hans onun Alman arkadaşı. Türkiye'de tatil yapıyor. Üç dört gün Bursa'da kaldı, yarın Pamukkale'ye gidecek. Hoş bir çocuk.
Sarah	Hangi lokantaya gidiyorsunuz?
Berkant	Bilmiyorum. Cenk biliyor. Ama iyi bir yere gideceğiz.
Sarah	Tamam, ben de geleceğim. Beni arabayla alacak mısın?
Berkant	Arabayla gitmeyeceğiz. Arabam bozuk.
Sarah	O zaman nerede buluşacağız?
Berkant	Cenk ve Hans'la saat sekizde otogarda buluşacağız. Sana yakın, değil mi? Oradan dolmuşla gideceğiz.
Sarah	İyi. Otogarın neresinde?
Berkant	Ulu Caddesi'nde turizm danışma bürosu var ya? Onun önünde.
Sarah	Anladım. Görüşmek üzere.
Berkant	Hoşça kal.

iki arkadaşla	*with two friends*
gideceğim	*I will go*
fark	*difference*
fark etmez	*never mind that, so what*
bizimle	*with us*
gelsene	*do come* or *why don't you come?* (see page 73)
emin	*sure*
kalkacağım	*I'll get up*
sabah sabah	*early in the morning*
geç dönmeyeceğiz	*we won't come back late*
vallahi	*I swear*
kimler	*who?* (plural)

tatil	*holiday*
hoş	*pleasant, nice*
çocuk	*child (here lad, bloke)*
gideceğiz	*we'll go*
arabayla	*by car*
gitmeyeceğiz	*we won't go*
bozuk	*broken*
buluşmak	*to meet, to rendezvous*
buluşacağız	*we'll meet*
ile	*with*
Hans'la	*with Hans*
otogar	*bus station*
yakın	*near*
oradan	*from there*
dolmuşla	*by shared taxi*
neresi	*whereabouts*
otogarın neresinde?	*whereabouts in the bus station?*
cadde	*street, avenue*
Ulu Caddesi	*Ulu Avenue*
danışma	*advice*
büro	*office*
ya?	*you know?*
onun önünde	*in front of it*
anladım	*I understand, I see*
görüşmek üzere	*see you*

Questions

1 Berkant ve arkadaşları bu akşam ne yapıyorlar?
2 Sarah niçin gitmek istemiyor?
3 Lokantaya neyle gidecekler?
4 Nerede buluşacaklar?

ℹ Saying 'no'

It is difficult to turn down a Turkish offer. Saying no is usually taken as meaning *go on, talk me into it*. If you really mean no you can try saying **vallahi** or **eminim** (*I'm sure*). They may work . . .

ℹ *Hadi*: 'Come on'

This is another word you will hear used almost as often as **buyurun**. It means *come on* or *go on*. When in Turkey try keeping a tally of the number of times you hear it in a day!

ℹ The future

Note how the speakers in this dialogue switch between using the present continuous tense with a future meaning and the 'real' future tense which contains the ending **-ecek**. Often the two are interchangeable.

ℹ 'Stuffed' taxis

Dolmuşlar are shared taxis. They run along set routes and charge fixed fares but do not follow timetables. Before setting off, they wait until they are full (hence their name which means *stuffed* or *packed*), then drop off and pick up passengers along the way.

Language points

1 The future

Statements

You can spot a future tense by the presence of **-ecek**. To make the future, follow these steps:

Action	Example
Take the stem of the verb.	iç
Add **-ecek**	içecek
Add the Turkish equivalent of the verb *to be*.	içecek**siniz**

The ending **-ecek** has two forms (**-ecek** and **-acak**) as it follows e-type vowel harmony. Here are some examples:

gel*eceğ*im	*I will come*
sat*acak*sın	*you will sell*
sür*ecek*	*she will drive*
yaz*acağ*ız	*we will write*
al*acak*sınız	*you will buy*
bekley*ecek*ler	*they will wait*

To make a future verb negative, add -**me**- onto the stem of the verb:

Positive	Negative
geleceğim	gel**mey**eceğim
satacaksın	sat**may**acaksın
sürecek	sür**mey**ecek
yazacağız	yaz**may**acağız
alacaksınız	al**may**acaksınız
bekleyecekler	bekle**mey**ecekler

Note how you always need a buffer -**y**- between -**me**- and -**ecek**.

Questions

To make a question from a verb in the future tense, follow these steps:

Action	Example
Take the future form of the verb.	geleceksiniz
Split the word in two. The second word is the equivalent of the verb *to be*.	gelecek siniz
Replace the second word with its question form.	gelecek **mi**siniz?

Here are some examples:

Statement	Question
bakacağım	bakacak **mı**yım?
süreceksin	sürecek **mi**sin?
gelecek	gelecek **mi**?
vereceğiz	verecek **mi**yiz?
güleceğiz	gülecek **mi**siniz?
koşacaklar	koşacaklar **mı**?

Note that the *they* form differs from all the rest by putting **mi** right at the end rather than in the middle.

Here are some negative examples:

Bakmayacak mıyım?	*Won't I look?*
Sürmeyecek misin?	*Won't you drive?*
Gelmeyecek mi?	*Won't he come?*

Vermeyecek miyiz?   *Won't we give?*
Gülmeyecek misiniz?   *Won't you smile?*
Koşmayacaklar mı?   *Won't they run?*

Olacak: the future of 'to be'

You can use the verb **olmak** as the future form of *to be*, **var** or
yok. For example:

Present	Future
Mutluyum.	Mutlu olacağım.
İyi misin?	İyi olacak mısın?
Bugün Hakan burada.	Yarın Hakan burada olacak.
Bugün Ankara'dayız.	Yarın Ankara'da olacağız.
Hasta değilsiniz.	Hasta olmayacaksınız.
Arkadaşlarım burada.	Arkadaşlarım burada olacaklar.
Yeni arabam var.	Yeni arabam olacak.
Su yok.	Su olmayacak.

2 Informal suggestions

Add **-sene** or **-senize** to the stem of a verb to get the equivalent
of *why don't you . . .*

sen form	*siz* form	English
Gel**sene!**	Gel**senize!**	**Do** *come!*
Bak**sana!**	Bak**sanıza!**	*Why don't you look!*
At**sana!**	At**sanıza!**	*Come on, throw it!*

These phrases could be friendly suggestions or an expression of
impatience depending on your tone of voice.

3 *ile*: 'with'

The world **ile** means *with*. You can shorten it to the ending **-le**.
For example:

Kardeşimle git.   *Go with my brother.*
Arabayla gidiyorum.   *I'm going by* (literally *with*)
                         car.
Demet'le olmak istiyorum. *I want to be with Demet.*

When it is shortened to an ending, -le follows the e-type vowel harmony.

You use the word **ile** in some places where we use *and* in English. For example:

Pınar ile Didem geliyorlar.	*Pınar and Didem are coming.*
Banka ile PTT'nin arasında.	*Between the bank and the post office.*

When you use -le with personal pronouns, the pronouns need the possessor ending (except for the *they* form). For example:

Benimle gel.	*Come with me.*
Seninle benim aramızda.	*Between you and me.*
Onunla gitsene.	*Why don't you go with her.*
Bizimle kal.	*Stay with us.*
Sizinle olmak istiyorum.	*I want to be with you.*
Onlarla gelecek.	*He'll come with them.*

-le and *-li* endings

Question: What's the difference between the -le and -li endings?
Answer: You only use -li to make adjectives. Examples are **sütlü** and **meyveli**. You use **ile** or -le on all other occasions.

Note that:

- -li follows i-type vowel harmony and has four variants: -lı, -li, -lu and -lü.
- -le follows i-type vowel harmony and has two variants: -le and -la.

4 'Onto', 'on top of', 'off'

masanın üstü

üst	*top*
masanın üstü	*the table's top*

masanın üstünde
masanın üstüne
masanın üstünden

masanın üstüne	onto the table
masanın üstünde	on top of the table
masanın üstünden	off the table

Note the buffer **-n-** after **üstü**.

Bir kedi masanın üstüne atlıyor.	*One cat's jumping onto the table.*
Bir kedi masanın üstünde oturuyor.	*One cat's sitting on top of the table.*
Öbür kedi masanın üstünden atlıyor.	*Another cat's jumping off the table.*

5 Prepositions of place

The words *on top of* and *behind* tell us where something is in relation to other things. They are prepositions of place. The Turkish equivalent of *on top of it* is *on its top*. The Turkish equivalent of *behind it* is *at its back*.

Look at the following Turkish nouns:

alt	*bottom*
ön	*front*
arka	*back*
yan	*side*
orta	*middle*

Now look at the same words when you use them with possessives *and* the **-de** ending:

-in altında	*under*
-in önünde	*in front of*
-in arkasında	*behind*
-in yanında	*beside*
-in ortasında	*in the middle of*

Here are some example sentences with **-de**, **-e** and **-den** endings:

Kedi masanın altından geldi.	*The cat came from under the table.*
Kedi televizyonun altında.	*The cat's under the television.*
Masanın ortasına koy.	*Put (it) in the middle of the table.*
Bakkalın önünde.	*In front of the grocer's shop.*
Önümde.	*In front of me.*
Arabanın arkasında.	*Behind the car.* or *In the back of the car.*
Arkanızda.	*Behind you.*
Yanıma gel.	*Come beside me.*
Yanımda oturuyor.	*He's sitting next to me.*
Neyin arkasında?	*Behind what?*
Kimin yanında?	*Beside whom?*

Here are some more prepositions of place:

Noun		Preposition of place	
iç	*interior*	-in içinde	*inside*
dış	*exterior*	-in dışında	*outside*
ara	*gap, interval*	... ile ... -in arasında	*between ... and ...*
etraf	*surrounding(s)*	-in etrafında	*around*
taraf	*side*	-in tarafında	*on ...'s side*
karşı	*opposite*	-in karşısında	*opposite*

PTT'nin karşısında.	*Opposite the post office.*
Otel ile plajın arasında.	*Between the hotel and the beach.*
Kutunun dışında mı, içinde mi?	*Is it outside or inside the box?*
Otelimizin etrafında çok bar var.	*There are a lot of bars around our hotel.*
Aramızda bir şey yok.	*There's nothing (going on) between us.*
Kimin tarafındasınız?	*Whose side are you on?*

6 Telling the time accurately

To the hour

Turkish	Literal translation	English
Saat bire beş var.	*There are five to one o'clock.*	*It's five to one.*
Saat üçe on var.	*There are ten to three o'clock.*	*It's ten to three.*
Dörde çeyrek var.	*There is a quarter to four.*	*It's a quarter to four.*
Altıya yirmi var.	*There are twenty to six.*	*It's twenty to six.*
Onikiye yirmibeş var.	*There are twenty-five to twelve.*	*It's twenty-five to twelve.*

Note the -e ending on the hour's number.

Past the hour

Turkish	Literal translation	English
Saat biri beş geçiyor.	*Five is passing one o'clock.*	*It's five past one.*
Saat üçü on geçiyor.	*Ten is passing three o'clock.*	*It's ten past three.*
Dördü çeyrek geçiyor.*	*A quarter is passing four.*	*It's a quarter past four.*
Altıyı yirmi geçiyor.	*Twenty is passing six.*	*It's twenty past six.*
Onikiyi yirmibeş geçiyor.	*Twenty-five is passing twelve.*	*It's twenty-five past twelve.*

Note the -i ending (the direct object ending) on the hour's number. (*Note also how the t in **dört** changes to **d** to help pronunciation.)

At ...

Turkish	Literal translation	English
Saat bire beş **kala**.	*When five remain to one o'clock.*	**At** *five to one.*
Saat biri beş **geçe**.	*When five pass one o'clock.*	**At** *five past one.*

Here, you use the word **kala** instead of **var**, and **geçe** instead of **geçiyor**.

Exercises

1 Look at this picture of a beach scene, then answer the questions below.

a Güneş kremi kovanın içinde mi?
b Gazete, kitabın altında mı?
c Meşrubatlar şemsiyenin altında mı?
d Kitap, kova ile kremin arasında mı?
e Top, kalenin yanında mı?
f Güneş gözlüğü nerede?
g Top neyin arkasında?
h Bira, kola ile kalenin arasında mı?
i Krem neyin yanında?
j Kitap nelerin arasında?

güneş	sun	kale	castle
kova	bucket	kum	sand
gazete	newspaper	top	ball
şemsiye	umbrella, parasol	gözlük	glasses, spectacles
kitap	book		

2 The following dialogue takes place between two neighbours.
  Fill in the gaps using the phrases on the right.

- Merhaba Ali. Geçen hafta neredeydin?
- _____a_____
- Sahi mi? Ama sen yeni tatile gitmedin mi?
- _____b_____
- Hatırladım. Bu defa nereye gittin?
- _____c_____
- Aynı otelde mi kaldın?
- _____d_____

  i Hayır. Kardeşimin yatında kaldım.
  ii Tatildeydim.
  iii Evet. Geçen ay Fethiye'ye gittim.
  iv Yine Fethiye'ye.

sahi mi?	really?	bu defa	this time
yeni	just now, recently	yat	yacht
defa	occasion, time	yine	again
hatırlamak	to remember		

3 Match the following questions and answers.

a	Kimin?	i	Benim değil.
b	Kimle konuşuyorum?	ii	Belki Avrupa'ya.
c	Meydanın neresinde?	iii	Ankaralıyım.
d	Nerelisiniz?	iv	Heykelin.
e	Nereye?	v	Müdürle.
f	Neyin önünde?	vi	Çok işim vardı.
g	Neyle gidiyoruz?	vii	Ortasında.
h	Neden gelmedin?	viii	Bankadan.
i	Nereden geliyorsun?	ix	Otobüsle.

4 İlknur is a busy businesswoman. She is married to Fikret.
  Study her diary for next week, then decide whether the
  statements made about her are true or false.

a Pazartesi saat on buçukta toplantı olacak.
b Salı yediyi on geçe Ankara'dan dönecek.
c Perşembe işe gitmeyecek çünkü eşinin doğum günü.
d Cumartesi saat sekize çeyrek kala tiyatroda olacak.
e Pazar annesinin evine öğle yemeğine gidecek.

Pazartesi	Perşembe	
10.00 – Hakan 14.00–17.00 – Sabancı	Fikret'in doğum günü – işten izin! (cumartesi için biletleri al)	
Salı	**Cuma**	
07.10 – Uçakla Ankara'ya 20.35 – İstanbul'a dönüş (Aydın abla'ya telefon et)	09.00–10.00 – Koç 12.00 – Çiller 13.00 – Kaptan Restoran 16.00 – Yılmaz	
Çarşamba	**Cumartesi**	**Pazar**
10.00 – Proje toplantısı 15.00 – Şakir 16.30 – Demirel (Hediye al!)	10.00 – Tenis 19.45 – Tiyatro	10.00 – Tenis 12.00 – Annem geliyor

dönüş	*return*
proje	*project*
toplantı	*meeting*
hediye	*present*
izin	*permission, holiday from work*

5 Translate the following into Turkish.

a *It's ten past three.*
b *At twenty-five to one.*
c *At a quarter past twelve.*
d *It's a quarter to four.*
e *At a quarter past midnight.*
f *It's five to six.*
g *At five past seven.*
h *It's a quarter past eleven.*
i *It's twenty-five past twelve.*
j *At twenty past two.*

6 Here is next Sunday's viewing guide for a Turkish satellite television channel. Study it, then answer the questions.

EUROSHOW – 19 Kasım Pazar

08.00	Süper Arkadaşlar
08.30	Zorro
09.00	Bugs Bunny
10.00	Sinema "Dinozorlar"
11.30	İlk On
12.10	Torba
12.50	Sinema "Hayal Kutusu"
14.45	Türk Sineması "Deliler Almanya'da"
16.10	Sinema "Kadın Jandarmalar"
17.45	Maç Önü
18.00	Galatasaray – Ankaragücü
20.00	Haberler
20.25	Çağdaş Yarınlara Adım Adım
21.10	Sinema "Kızıl Ateş"
22.40	Muazzez Abacı Konseri
23.40	Sinema "Harley"
00.55	Tatlı Rüyalar
01.20	Haberler

a Kaç film oynayacak?
b Kaç saat müzik olacak?
c Sabah saat sekiz ile on arasında çocuk programları var mı?
d 'Torba' saat kaçta başlayacak?
e 'Torba' saat kaçta bitecek?
f Kaç saat spor olacak?
g Türk sineması saat kaçta başlıyor?
h Haberler saat kaçta başlayacak?
i 'Maç Önü' saat kaçta başlayacak?

arkadaş	*friend*
dinozor	*dinosaur*
ilk on	*the 'top ten' pop chart*
torba	*'bag'* (magazine programme)
hayal	*imagination*
deli	*mad, crazy*
kadın	*woman*
jandarma	*military police*

maç önü	pre-match programme
haber	news
Çağdaş Yarınlara Adım Adım	documentary programme
kızıl	red
ateş	heat, temperature
tatlı	sweet
rüya	dream
bitmek	to come to an end, to finish

7 Erol and his daughter Gonca are writing their New Year's resolutions. Which of the following were written by Erol, and which by Gonca?

a Daha yavaş araba süreceğim.
b Her akşam ders çalışacağım.
c On kilo vereceğim.
d Çok televizyon seyretmeyeceğim.
e Kardeşimle kavga etmeyeceğim.
f Çocuklarımla daha çok oynayacağım.
g Okula geç kalmayacağım.
h Çocukların önünde küfür etmeyeceğim.
i Dişlerimi her gün fırçalayacağım.
j Daha erken eve döneceğim.
k Sigarayı bırakacağım.

Erol   Gonca

yavaş	slow, slowly
sürmek	to drive
kavga etmek	to fight, to argue
kilo vermek	to lose weight
küfür etmek	to swear
diş	tooth
fırçalamak	to brush

8 Match the suggestions to the recipients.

a To a child refusing her dinner.
b To someone prattling on.
c To someone treading on your heels.
d To someone watching you struggle.
e To someone who says they're tired.
f To someone who's lagging behind.
g To someone who says their neighbour is noisy.

i Acele etsene.
ii Dikkat etsenize.
iii Sussana.
iv Şikayet etsenize.
v Yardım etsene.
vi Yatsana.
vii Yesene.

> **acele etmek** *to hurry*   **yardım etmek** *to help*
> **şikayet etmek** *to complain*

9 Fill in the gaps in the text below using -li or -le endings. Remember to use the correct type of vowel harmony.

Kardeşim__a__ Londra'da tatil yapacağız. Uçak__b__ gideceğiz. Kardeşimin Londra__c__ bir arkadaşı var. Onun__d__ beraber araba__e__ İngiltere'yi gezeceğiz. İnşallah hava yağmur__f__ olmayacak. Bizim__g__ gelmek istiyor musun?

10 Place the words below in the correct order, beginning with **pazartesi**.

pazartesi cuma çarşamba pazar cumartesi salı perşembe

▶ *Konuşma* Dialogue 2

Sarah is waiting at the bus station. Berkant and Cenk arrive. It is 8.20, and she has been waiting since 8 o'clock.

Sarah (*to Berkant*) Selam.
Berkant Selam Sarah.
Cenk Selam. Ne haber?
Sarah İyilik. Neredesiniz? Geç geldiniz.
Berkant Affedersin. Hans'a iyi yolculuklar diledik. Onun için geç geldik.
Sarah Hans gelmeyecek mi?
Cenk Bu akşam çıkmıyor. Erken yatıyor.
Sarah Aa! Neden?
Cenk Yarın Pamukkale'ye gidecek. Erken kalkacak.

Sarah	Fark etmez. Yarın biz de erken kalkıyoruz!
Berkant	Biliyorum. Ama Hans çok yoruldu.
Sarah	Hadi, dolmuş bekliyor.
Cenk	Hadi.

neredesiniz?	*where have you been?* (literally *where are you?*)
iyi yolculuklar	*bon voyage*
dilemek	*to wish*
onun için	*that's why* (literally *for that reason*)
çıkmak	*to go/come out*
aa!	*well, I never!*
bütün	*whole*
yürümek	*to walk, run*
yorulmak	*to be tired, to grow tired*

07

yardım eder misiniz?

would you help me?

In this unit you will learn how to
- make requests
- state intention and willingness
- tell stories and jokes

▶ Konuşma Dialogue

Hamide Hanım is an elderly lady from Ankara who has been visiting relatives in Trabzon. After her visit, she has taken a stroll around the city centre. It is now time for her to catch her plane back to Ankara. She is lost, so she asks a young man for help.

Hamide Hanım	Pardon. Kusura bakmayın. Lütfen yardım eder misiniz acaba?
Genç erkek	Tabii efendim.
Hamide Hanım	Havalimanına gitmek istiyorum. Oraya giden otobüs var mı?
Genç erkek	Maalesef yok teyze.
Hamide Hanım	Dolmuş var mı acaba?
Genç erkek	Var. Durak Taksim'e yakın.
Hamide Hanım	Peki yavrum, Trabzon'da yabancıyım. Yolu gösterir misiniz acaba?
Genç erkek	Tabii. Şöyle gidin. Bu yolun sonundan sağa dönün. Meydana kadar gidin. Türk Hava Yolları'nın ofisinden sola sapın. Orası Gazi Paşa Caddesi. Ondan sonra İstanbul Hava Yolları'nın ofisine kadar gidin. Oradan sağa sapın. Biraz ileride durağı göreceksiniz.
Hamide Hanım	Çok mu uzak?
Genç erkek	Bayağı uzak.
Hamide Hanım	Yürüyerek kaç dakika sürer acaba?
Genç erkek	Bilmem. Benim için on dakika.
Hamide Hanım	Peki, tekrar anlatır mısınız?
Genç erkek	Bakın teyze, sizinle gelirim, yolu gösteririm.
Hamide Hanım	Çok teşekkürler yavrum.
Genç erkek	Bir şey değil.
Hamide Hanım	Çantamı taşır mısınız acaba?
Genç erkek	Tabii, taşırım.
Hamide Hanım	Sağ olun yavrum.

kusura bakmayın	*excuse me*
yardım eder misiniz?	*would you help?*
acaba	*I wonder*
havalimanı	*airport*
oraya	*to there*
giden	*going*
Taksim	*a square in Trabzon*
yavrum	*dear*
yabancı	*stranger, foreigner*

göstermek	to show
gösterir misiniz?	would you show?
şöyle	like this, this way
-e kadar	as far as
Türk Hava Yolları	Turkish Airlines
sapmak	to turn
orası	there, that place
Gazi Paşa Caddesi	Gazi Paşa Street
İstanbul Hava Yolları	İstanbul Airlines
oradan	from there
ileride	further on
bayağı	quite
yürüyerek	by walking (on foot)
sürmek	to last, to take
sürer	it takes
bilmem	I don't know
anlatmak	to explain
gelirim	I'll come
gösteririm	I'll show
taşır mısınız?	would you carry?
taşırım	I'll carry

Questions

Doğru mu, yanlış mı?

1 Hamide Hanım çok soru soruyor.
2 Dolmuş durağı İstanbul Hava Yolları'nın ofisine yakın.
3 Genç erkek iki kere yolu anlatıyor.
4 Hamide Hanım genç erkeğin teyzesi.

ℹ Addressing people: *Yavrum* and *teyze*

Like **abi** and **abla**, these forms of address are a common way of showing friendliness to strangers. To use either of these terms, however, there has to be a recognizable age difference between the speakers. Keep an ear open for them when you are next in Turkey.

ℹ *Acaba*: 'I wonder'

This word means *I wonder* or *by any chance*. It makes a request more polite. Hamide Hanım can't stop saying it!

Language points

1 The -r present tense

There are two present tenses in Turkish. You use them for different purposes. You have already learned the **-iyor** tense. There is also the **-r** present tense. You form it like this:

Action	Example 1	Example 2
Take the stem of the verb.	gel	geç
Add **-r**, **-ir** or **-er**.	gelir	geçer
Add the relevant part of the verb *to be*.	gelir**im**	geçer**im**

Remember: **-ir** follows i-type vowel harmony and **-er** follows e-type vowel harmony.

Question: How do you know whether to add **-r**, **-ir** or **-er**?
Answer: Verb stems ending in a vowel just take **-r**. For stems ending in a consonant:

- most with one syllable take **-er**;
- those with one syllable ending in **-r** or **-l** take **-ir**;
- those with more than one syllable take **-ir**.

Here are some examples ending in vowels:

(ben)	söyle*r*im
(sen)	bekle*r*sin
(o)	taşı*r*
(biz)	hatırla*r*ız
(siz)	oku*r*sunuz
(onlar)	iste*r*ler

Here are some one-syllable examples with **-er**:

(ben)	geç*er*im
(sen)	tut*ar*sın
(o)	ed*er*
(biz)	aç*ar*ız
(siz)	çek*er*siniz
(onlar)	koş*ar*lar

Here are some one-syllable examples with **-ir**:

(ben)	kal*ır*ım
(sen)	al*ır*sın
(o)	ol*ur*

(biz)	gel*ir*iz
(siz)	gör*ür*sünüz
(onlar)	bil*ir*ler

Here are some multi-syllable examples with -ir:

(ben)	inan*ır*ım
(sen)	götür*ür*sün
(o)	kullan*ır*
(biz)	otur*ur*uz
(siz)	öğren*ir*siniz
(onlar)	konuş*ur*lar

You should note that grammar books call this tense the simple present or the aorist tense.

2 Negative forms of the -r present tense

You can spot a negative -r present tense by the presence of **-mez** or **-maz**. You make the negative form like this:

Action	Example 1	Example 2
Take the stem of the verb.	gel	gel
Add **-me**.	gel**me**	gel**me**
Add **-z** (except for the *I* and *we* forms).	gel**me**	gel**mez**
Add the relevant part of the verb *to be*.	gel**mem**	gel**mezsin**

Here are some examples:

Statement		Question
(ben)	al**mam**	al**maz** mıyım?
(sen)	bil**mez**sin	bil**mez** misin?
(o)	gör**mez**	gör**mez** mi?
(biz)	bul**may**ız	bul**maz** mıyız?
(siz)	oku**maz**sınız	oku**maz** mısınız?
(onlar)	iste**mez**ler	iste**mez**ler mi?

You should note how the **ben** and **biz** forms do *not* have a -z when they are statements, but they *do* have one when they are questions.

3 Using the *-r* present tense

You use the -r present tense in the following cases:

Purpose	Example	Translation
making promises	Sana dondurma alırım.	I'll buy you an ice-cream.
saying you're willing to do something	Yardım ederim.	I'll help.
saying you intend to do something	Yarın gelirim.	I'll come tomorrow.
requesting someone to do something	Kapıyı açar mısınız?	Would you open the door?
offering something to someone	Çay içer misiniz?	Would you like (to drink) some tea?
set phrases such as **teşekkür ederim**	Tebrik ederim.	Congratulations (I congratulate).
telling stories or jokes	Üç erkek bara girerler ...	Three men go into a pub ...
expressing possibility or hope	Belki gelir.	Maybe he'll come.
describing an unchanging fact	Su 0˚C altında donar.	Water freezes below 0˚C.
describing an habitual or repeated action	Sık sık plaja giderim.	I often go to the beach.

Here are some examples of the -r present used to express uncertainty and hope:

Yapar herhalde. — *She'll probably do it.*

Umarım, gitmezsiniz. — *I hope you won't go.*
I hope you're not going.

Sanırım, sevmezler. — *I suppose they won't like it.*
I reckon they don't like it.

Belki yardım ederler. — *Maybe they'll help.*
Maybe they're helping.

4 *-en* adjectives

Examine the following:

koşan adam — *the running man,*
the man who's running

İstanbul'a *giden* tren — *the Istanbul train,*
the train going to Istanbul

Viyana'dan *gelen* tren — *the Vienna train,*
the train coming from Vienna

| masada *oturan* çocuk | *the child sitting at the table, the child who's sitting at the table* |
| *Gülen* kadın kim? | *Who's the woman who's smiling?* |

The italicized Turkish words are adjectives made from verbs. This is how you make them:

Action	Example
Take the stem of the verb. Add **-en**.	gel gel**en**

Note how **-en** uses e-type vowel harmony.

You can usually translate the **-en** ending into English as *-ing*. For example:

| **Masada oturan erkek yakışıklı.** | *The man (who is) sitting at the table is handsome.* |
| **Kızımın konuşan bebeği var.** | *My daughter's got a talking doll.* |

You should note that you can only use **-en** adjectives to describe the subject of a sentence (the one performing the action).

You can use **-en** adjectives without a noun. In this case they act like nouns themselves and they mean *the ...ing one*. For example:

Masada oturan güzeldi.	*The one sitting at the table was pretty.*
İlk gelenler Smithler olacak.	*The first ones who come will be the Smiths.*
O köşede sigara içenler Türk.	*The smokers (literally the smoking ones) in the corner are Turkish.*
Orada bira içenler İngiliz.	*Those beer drinkers (literally beer drinking ones) are English.*

Note how you can make the **-en** adjectives plural by adding **-ler**.

Grammar books call an **-en** adjective the subject participle of a verb.

5 -erek: 'by … ing'

The ending -erek is the Turkish equivalent of *by … -ing*. You add it onto verb stems. Look at the following examples:

Yürü*yerek* geldim.	*I came on foot (literally by walking).*
Telefon ed*erek* haber vereceğim.	*I'll inform (them) by telephone (literally by phoning).*
Gazeteye bak*arak* buldum.	*I found it by looking at the newspaper.*
Günde 24 saat çalış*arak* becerdi.	*By working 24 hours a day he managed it.*

-erek can also mean just *-ing*. For example:

Gül*erek* gitti.	*She left smiling.*
Bize bak*arak*, 'Merhaba' dedi.	*Looking at us, she said 'Hello'.*
Bil*erek* mi yaptınız?	*Did you do it knowingly (intentionally)?*

The -erek form of the verb **olmak** is special. It means *as*. For example:

Programcı olarak çalışıyorum.	*I work as a programmer.*
Turist olarak mı, iş için mi?	*As a tourist or on business?*
Arkadaşın olarak konuşuyorum.	*I'm talking as your friend.*
İnsan olarak nasıl?	*How is she as a person? (What's her personality like?)*
Hediye olarak aldım.	*I bought (it) as a present.*
Meze olarak ne var?	*What is there as a starter? (What kind of starters are there?)*
Bu kutuyu masa olarak kullanıyorum.	*I use this box as a table.*

6 Verbs with -e, -den, -ile

Here are some more verbs whose objects need the -e ending:

Çiçekler*e* bastım.	*I squashed the flowers.*
Annem*e* sordum.	*I asked my mother.*

Ona yardım ettim. *I helped her.*
Bana haber vermedin. *You didn't tell me.*
Mercedes'e vurdu. *He hit a Mercedes.*

-e basmak	*to tread on, squash*
-e sormak	*to ask*
-e yardım etmek	*to help*
-e haber vermek	*to inform, tell*
-e vurmak	*to hit*

Here are some more verbs whose objects need the **-den** ending:

Yemekten hoşlanıyorum. *I like food, I like eating.*
Örümceklerden korkuyor. *He's afraid of spiders.*
Köprüden geçtik. *We've passed over the bridge.*
Savaştan behsetmeyin! *Don't mention the war!*

-den hoşlanmak	*to enjoy*
-den korkmak	*to fear, to be afraid of*
-den geçmek	*to pass over*
-den bahsetmek	*to mention, to discuss*

Here is a verb whose object needs **ile**:

Bir elektrikçiyle evlenecek. *She's going to marry an electrician.*

ile evlenmek	*to get married to*

7   *-dir*: formal 'is'

In Units 1 and 2 you learned that there was no equivalent of the English word *is*. This is the case in everyday speech. However, when people want to sound very formal, they use the ending -**dir** to mean *is*. You will see -**dir** all around you on official notices, in official documents and in newspaper articles. Here are some examples of signs using -**dir**:

BU EV SATILIKTIR

MEYDANA ARABA VE MOTORBİSİKLET BIRAKMAK YASAKTIR...
BELEDİYE

İÇ VE DIŞ SERVİSİMİZ VARDIR

Exercises

1 Match the requests in the first column to the most likely place you'll hear them spoken.

a	Bakar mısınız?	i	Derste.
b	Bir kilo daha verir misiniz?	ii	Dolu bir otobüste.
c	Cevapları yazar mısınız?	iii	Lokantada.
d	Müsaade eder misiniz?	iv	Manavda.
e	Şapkanızı çıkartır mısınız?	v	Sinemada.

cevap	*answer*
müsaade eder misiniz?	*would you mind? excuse me, etc.*
dolu	*full, packed*
şapka	*hat*
çıkartmak	*to take off*
manav	*greengrocer*

2 You might see the following signs in Turkey. Make them more formal by filling in the gaps using **-dır, -dir, -dur** or **dür**.

a Bu yol kapalı_____.
b İçki içmek yasak_____.
c Boş yer yok_____.
d Amerikan Ekspres geçerli_____.
e Garaj çıkışı_____.
f Tuvaletimiz bozuk_____.
g Çocuklar için değil_____.

geçerli	valid	**bozuk**	out of order
çıkış	exit	**yasak**	forbidden

3 Match items from the two columns below to make the most meaningful sentences.

a Çocuğuma   **i** yapar mısınız?
b Bir sütlü kahve   **ii** tutar mısınız?
c Elimi   **iii** kapar mısınız?
d Fiyat listesini   **iv** getirir misiniz?
e Kapıyı   **v** eder misiniz?
f Şapkanızı   **vi** bakar mısınız?
g Yardım   **vii** çıkartır mısınız?
h Attan   **viii** iner misiniz?

at	horse	**tutmak**	to hold
kapı	door, gate	**kapamak**	to close

4 Place these parts of a joke in the correct order. Add capital letters, full stops and speech marks where necessary.

bütün gece sabaha kadar pratik yaptım
bir ay doktor onu muayene ederek
bugün öksürüğünüz çok iyi der
hasta her ay doktora gider
hasta şöyle cevap verir
tabii iyi olur doktor bey

bütün	whole
pratik yapmak	to practise
muayene etmek	to examine
öksürük	cough
hasta	ill (here *an ill person*)
cevap vermek	to answer

5 Match items from the two columns below to make the most meaningful sentences.

a Ağzını kapayarak   i cebine koydu.
b Aynaya bakarak   ii Türkçe pratik yap.
c Konuşarak ve okuyarak iii spor yapar.
d Parayı sayarak   iv makyaj yaptı.
e Plajda yatarak   v tatilimi geçiririm.
f Yüzerek   vi ye!

ağız	*mouth*	**saymak**	*to count*
ayna	*mirror*	**makyaj**	*make up*

6 Fill in the gaps with the appropriate endings. Alter the word before the gap as necessary.

a Anahtar___ tut.
b Belki bu müzik___ hoşlanmaz.
c Genç bir erkek___ aşık oldum.
d Bir polis___ sorsana.
e Lütfen, vurma köpek___!
f Allah___ inanıyor musunuz?
g Çocuk___ bak!
h Mektup___ getir.
i Otobüs___ inecek.
j Karınca___ bastın mı?
k Bu müzik___ dinlemek istiyorum.
l Bu yemek___ bıktım.
m Pencere___ kapar mısınız?
n Gemi___ bindik.
o Hiçbir şey___ korkmaz.

-e inanmak	*to believe in*	**gemi**	*boat*
karınca	*ant*	**hiçbir şey**	*nothing*

7 Match the requests to the people making them.

a Bir kilo verir misiniz?   i Soru soran adam.
b Bu mektubu okur musunuz? ii Korkan çocuk.
c Cevap verir misiniz?   iii Kütüphanede
                             çalışan adam.
d Elimi tutar mısınız?   iv Geçmek isteyen adam.
e Müsaade eder misiniz?   v Gözlüğünü kaybeden
                             adam.

f Susar mısınız?   **vi** Anlamayan öğrenci.
g Tekrar anlatır mısınız?   **vii** Alışveriş yapan adam.

8 Complete this table which indicates the purposes for which you can use the present tenses in Turkish. The first one has been done for you.

Purpose	*-iyor* present tense	*-r* present tense
a stating intention	✕	✓
b describing a habit		
c describing something happening now		
d describing the past		
e expressing possibility or hope		
f making promises		
g telling stories or jokes		
h offering something to someone		
i talking about the near future		
j describing an unchanging fact		
k requesting someone to do something		
l stating willingness to do something		

9 Match the descriptions to the professions below.

a Gazetede yazan kişi.   **i** garson
b Restoranda yemek pişiren kişi.   **ii** rejisör
c Film yapan kişi.   **iii** şoför
d Apartmana bakan kişi.   **iv** kuaför
e Meyve ve sebze satan kişi.   **v** işçi
f Lokantada servis yapan kişi.   **vi** aşçı
g Dolmuş süren kişi.   **vii** kapıcı
h Fabrikada çalışan kişi.   **viii** gazeteci
i Saç kesen kişi.   **ix** manav

apartman	*block of flats*	**sebze**	*vegetables*
meyve	*fruit*		

▶ *Konuşma* Dialogue 2

Hamide Hanım has reached the **dolmuş** stop. She is now sitting in the **dolmuş**, waiting for it to fill up. Time is getting on and she is concerned about missing her flight. There is just one empty seat left.

Hamide Hanım	Şoför bey, gidelim mi artık?
Şoför	Yok abla, hâlâ dolu değiliz.
Hamide Hanım	Acelem var. Havalimanına kaç lira?
Şoför	Yetmişbeşbin.
Hamide Hanım	Tamam. Ben uçağımı kaçırmak istemiyorum. Ben iki kişi için öderim.
Şoför	Peki efendim.

The driver starts the engine and they move off.

Hamide Hanım	Şoför bey, pencerenizi kapatır mısınız acaba? Çok soğuk.

The driver winds the window half way up.

Şoför	Yeter mi?
Hamide Hanım	Yeter. Teşekkürler.
Şoför	Bir şey değil.

The driver turns the radio on.

Hamide Hanım	Şoför bey!
Şoför	Efendim.
Hamide Hanım	Radyonun sesini biraz kısar mısınız acaba? Çok yüksek.

The driver turns the radio off.

Şoför	(*sarcastically*) Yeter mi?
Hamide Hanım	Teşekkürler.
Şoför	Rica ederim.

gidelim mi?	*shall we go?*	**kısmak**	*to reduce,*
artık	*now*		*lower, turn*
hâlâ	*yet*		*down*
kaçırmak	*to miss*	**yüksek**	*high, loud*
ödemek	*to pay*	**rica ederim**	*you're welcome*
yetmek	*to be enough*	**kapatmak**	*to close*
bir şey değil	*you're welcome*		

08

nereye gidelim?
ne yapabiliriz?

where shall we go?
what can we do?

In this unit you will learn how to
- make exclamations
- express possibility
- make suggestions
- offer to do something
- compare things

▶ *Konuşma* Dialogue

Metin and Defne are sitting at home late one Saturday afternoon.

Metin	Çıkalım mı bu akşam?
Defne	Hadi, çıkalım. Televizyondan bıktım. Nereye gidelim?
Metin	Sinemaya gidebiliriz.
Defne	Üf ya. Sinema da televiyon gibi. Başka ne yapabiliriz?
Metin	Merkez Tiyatrosu'nda iyi bir oyun var.
Defne	Doğru. Ama herhalde bu saatte bilet bulamayız.
Metin	Sorabiliriz. Telefon edeyim mi?
Defne	Hayır. Başka bir şey yapalım.
Metin	Ne gibi?
Defne	Bilmem. Çin restoranına gidebiliriz.
Metin	Hangisine? Taksim'dekine mi?
Defne	Hayır. Bence Bebek'teki Taksim'dekinden daha güzel.
Metin	Doğru. Ama Bebek, Taksim'den çok daha uzak.
Defne	Fark etmez.
Metin	Fark eder. Arabayla gidemiyoruz bu akşam. Unuttun mu? Arabayı kardeşime ödünç veriyorum.
Defne	Aa unuttum. O zaman kardeşin bizi oraya götüremez mi?
Metin	Yok canım. O Yeşilköy'e gidecek. Ters yöne gidiyor.
Defne	Tamam. Taksim'dekine gidelim.

çıkalım	*let's go out*
nereye gidelim?	*where shall we go?*
gidebiliriz	*we can go*
üf ya!	*oh no!*
gibi	*like, similar*
başka ne yapabiliriz?	*what else can we do?*
Merkez Tiyatrosu	*the Central Theatre*
oyun	*play*
herhalde	*certainly*
bulamayız	*we can't find*
sorabiliriz	*we can ask*
telefon edeyim mi?	*shall I phone?*
yapalım	*let's do*
Çin	*China, Chinese*
hangisine?	*to which one?*
bence	*in my opinion*
Bebek'teki	*the one in Bebek*

Bebek'teki Taksim'dekinden daha güzel	*the one in Bebek's nicer than the one in Taksim*
Bebek, Taksim'den çok daha uzak	*Bebek's a lot further than Taksim*
fark etmek	*to matter*
gidemiyoruz	*we can't go*
ödünç vermek	*to lend*
götürmek	*to take, transport, carry*
bizi götüremez mi?	*can't he take us?*
yok canım	*come off it!*
ters yön	*opposite direction*

Questions

Doğru mu, yanlış mı?

1 Defne ile Metin evde kalmak istemiyorlar.
2 Metin tiyatroya telefon ediyor.
3 Bir tek Çin restoranı var.
4 Taksim, Bebek'ten daha yakın.

ⓘ Exclamations

You hear exclamations such as **üf be!** and **yok canım!** all the time. They are difficult to translate, but when you hear them it is often clear what emotion they express because of the speaker's face and tone of voice! Here are a few more:

Phrase	Feeling expressed	Rough translation
Aman!	being fed up	*Oh no!*
Aa!	surprise	*Well I never!*
Ay!	surprise	*Oh!*
Be!	annoyance	*Right, mate!*
Eyvah!	exasperation	*Good grief!*
Ha!	triumph	*Gotcha! Right then!*
Öf! Üf!	being fed up	*Oh no! Come off it!*
Ya!	disbelief and annoyance	*Come off it!*
Uf!	disgust	*Pooh! Ugh!*

Children's comics are full of such words.

Language points

1 'Can' and 'can't'

-ebil-: 'can'

You can spot the Turkish equivalent of *can* or *be able* by the inclusion of -ebil in a verb form. This ending slots into any tense of a verb just after the stem. To use it, follow these steps:

Action	Example
Take the full form of the verb.	geleceğim
Add -ebil after the verb stem.	gelebileceğim

-ebil uses e-type vowel harmony: -ebil, -abil.

When talking about the present, you usually use the -r present tense with -ebil. Here are some examples:

Simple present form	*Can* form
giderim	gidebilirim
yaparsın	yapabilirsin
yürür	yürüyebilir
koyarız	koyabiliriz
söylersiniz	söyleyebilirsiniz
verirler	verebilirler

You should note how the *to be* endings are sometimes different in the two columns above.

Question: Why?
Answer: In the first column, the preceding vowel is the last vowel in the stem of the verb. In the second column, the preceding vowel is the i in -ebil or -abil.

Making questions with the *can* form is easy enough:

Statement	Question
gidebilirim	gidebilir miyim?
yapabilirsin	yapabilir misin?
yürüyebilir	yürüyebilir mi?
koyabiliriz	koyabilir miyiz?
söyleyebilirsiniz	söyleyebilir misiniz?
verebilirler	verebilirler mi?

Here are some examples in the future and the past tenses:

Yap*abil*eceğim.	*I'll be able to do (it).*
Gel*ebil*ecek misin?	*Will you be able to come?*
Oynay*abil*di mi?	*Was he/she able to play?*
Yardım ed*ebil*diniz.	*You were able to help.*

-*e*-: 'can't'

You can spot the Turkish equivalent of *can't* or *not able* by the inclusion of -e- after the stem of a verb form. To use this ending, follow these steps:

Action	Example
Take the negative form of the verb.	gelmeyecek
Add **-e-** after the verb stem.	gel**e**meyecek

Note that the -e follows e-type vowel harmony. Here are some examples in the -r present tense:

I don't	I can't
gelmem	gel**e**mem
yapmazsın	yap**a**mazsın
yürümez	yürü**ye**mez
koymayız	koy**a**mayız
söylemezsiniz	söyle**ye**mezsiniz
vermezler	ver**e**mezler

Here are some examples in various tenses:

Gid*e*meyeceğim.	*I won't be able to go.*
Yap*a*madım.	*I couldn't do it.*
Ol*a*maz!	*It can't be!*
Gel*e*medik.	*We couldn't come.*

BANVIT DİYET ŞİŞ

Banvit'e kim hayır diyebilir?

banvit
PİLİCİN ADI

2 'Might'

-ebil-: 'might'

To say what might happen, you also use the -ebil- ending. For example:

Biraz sonra içebilirim.	*I might have a drink a little later.*
Pazar gelebilirim.	*I might come on Sunday.*

Whether the above sentences mean *can* or *might* will be clear from the context.

-meyebil-: 'might not'

The negative form of *might* is different from the negative form of *can*. You make the negative form of *might* by placing -me after the verb stem.

Yapabilirim, yapmayabilirim.	*I might do it and I might not.*
Dikkat. Sevmeyebilirler.	*Be careful. They might not like it.*

Note the difference between *might not* and *cannot*:

Sinemaya gidemem.	*I can't go to the cinema.*
Sinemaya gitmeyebilirim.	*I might not go to the cinema.*
Sinemaya gidemeyeceğim.	*I won't be able to go to the cinema.*

You can combine *might* and *can*. For example:

Sinemaya gidemeyebilirim.	*I might not be able to go to the cinema.*

3 Comparing things

In order to say *I'm cleverer than you*, in Turkish you say *I'm more clever from you*.

akıllı	*clever*
Akıllıyım.	*I'm clever.*
Senden daha akıllıyım.	*I'm cleverer than you.*

Here are some more examples:

Yeni Zelanda, Türkiye'den daha küçük.	*New Zealand is smaller than Turkey.*
Türkiye, İngiltere'den daha ucuz.	*Turkey is cheaper than England.*
Benden daha güçlüsünüz.	*You're stronger than me.*

The Turkish equivalent of *the most* or *the ... -est* is **en**.

Dünyada en güzel yer.	*The most beautiful place on earth.*
Türkiye'de en iyi şarkıcı Pınar.	*Pınar is the best singer in Turkey.*
Türkiye'nin en büyük şehri İstanbul.	*Turkey's biggest city is İstanbul.*
En büyük Galatasaray!	*Galatasaray (the football team) are the greatest!*

4 The 'let' forms of verbs

Look at the following examples meaning *let* ...:

gideyim	*let me go; here, I'll go*
gidelim	*let's go*
gitsin	*let him go; he should go*
gitsinler	*let them go; they should go*

Add **-eyim** onto the stem of a verb to give the meaning *here, let me ....* You use it for offering help or making suggestions. For example:

Paltonu alayım.	*Let me take your coat.*
Yardım edeyim.	*Here, let me help.*
Gideyim mi?	*Shall I go?*
Yardım edeyim mi?	*Shall I help?*

Add **-elim** onto the stem of a verb to give the meaning *let's*. You use it for making suggestions. For example:

Gidelim.	*Let's go.*
Kalkalım.	*Let's get up.* (if you're in someone's house this means *let's go*)
Yapalım mı?	*Shall we do (it)?*
Eve dönelim mi?	*Shall we go home?*

Add **-sin** to the verb stem to say what someone else (not the person you're talking to) should do. Also use it to express a hope that something will happen.

Turkish	Literal translation	Meaning
Eve git**sin**.	*Let him go home.*	*I'd like him to go home; he should go home.*
Yağmur yağma**sın**.	*Let it not rain.*	*I hope it doesn't rain.*
Üstü kal**sın**.	*Let the change stay.*	*Keep the change.*
Kolay gel**sin**.	*Let it come easily.*	*I hope your work goes well.*
Allah koru**sun**.	*Let God protect.*	*God preserve us, God forbid!*
Afiyet ol**sun**	*Let good health be.*	*Bon appétit.*

The plural form of **-sin** is **-sinler**:

    Yarın gelsinler.   *Tell them to come tomorrow.*

5 *-ki*: making adjectives

Take a noun which already has a **-de** ending (for example, **otelde**). You can make an adjective out of it. To do so, add the ending **-ki** (for example, **oteldeki**).

Now look at the following examples:

Turkish	Literal translation	English
otelde**ki** bar	*the in-the-hotel bar*	*the bar (which is) in the hotel*
köşede**ki** masa	*the in-the-corner table*	*the table in the corner*
Almanya'da**ki** Türkler	*the in-Germany Turks*	*the Turks in Germany*
masada**ki** çiçekler	*the on-the-table flowers*	*the flowers on the table*

Note how **-ki** does *not* change because of vowel harmony.

If it is obvious what you're talking about, you can use -ki without the noun to mean *the one which is in/at/on*. For example:

oteldeki	*the one (which is) in the hotel*
köşedeki	*the one in the corner*
Almanya'dakiler	*the ones in Germany*
masadakiler	*the ones on the table*

If it is obvious what you're talking about, you can put -ki on a possessor to mean *the one which is* mine/his etc. For example:

otelinki	*the one which is the hotel's, the hotel's one*
benimki	*(the one which is) mine, my one*
onlarınki	*theirs, their one*
seninkiler	*yours, your ones*
onlarınkiler	*theirs, their ones*

6 -ce: turning a nationality into a language

Often, you add -ce to a nationality or people to give the related language. For example:

Nationality	Language
Türk	Türkçe
Hint	Hintçe
İspanyol	İspanyolca
Kürt	Kürtçe
Ermeni	Ermenice
Arap	Arapça
Yunan	Yunanca

Hint	*Indian*	**Ermeni**	*Armenian*
Kürt	*Kurd*		

Note how -ce follows e-type vowel harmony, and how the c becomes ç after a voiceless consonant.

Sometimes you add -ce to the name of a country to give the related language. For example:

Country	Language
Çin	Çince
İsveç	İsveççe
Hollanda	Hollandaca
Portekiz	Portekizce

You can add -ce onto the end of personal pronouns to mean *according to ...*, for example:

bence	*in my opinion*
sizce	*in your opinion*

You can add -ce onto adjectives to mean *rather...*, for example:

iyice	*rather good, quite good*
büyükçe	*rather big, quite big*

8 Buffer *y, n* or *s*?

You use **s** as a buffer:

- for possessed endings;
- with compound nouns.

You use **n** as a buffer:

- for possessor endings;
- with a word which already has a possessed ending;
- with the personal pronouns **bu, şu** and **o**;
- with the **-ki** ending.

Otherwise you use **y** as a buffer.

Here are some examples:

Situation	Example	Meaning
a possessed ending a compound noun	çantası el çantası	*his/her bag* *handbag*
a posessor ending after a posessed ending with **bu, şu** and **o** with the **-ki** ending	Ali'nin Çantasını tut. Bunu seviyorum. Seninkini aldım.	*Ali's* *Hold his/her bag.* *I like this.* *I took yours.*
a normal direct object a normal to object	Ali'yi seviyorum. Çarşıya git.	*I like Ali.* *Go to the market.*

Exercises

1 Read the dialogue and then answer the questions below.

Semra Kaç dil konuşabiliyorsun?
Filiz Dört.
Semra Çok iyi. İngilizce konuşabiliyor musun?
Filiz Maalesef konuşamıyorum.
Semra Peki, hangi dilleri biliyorsun?
Filiz Almanca, Ermenice, biraz Fransızca ve Türkçe tabii.
Semra Hepsini iyi konuşabiliyor musun?
Filiz Almancam çok iyi. Ermeniceyi annemden öğrendim. Onunla konuşabiliyorum ama yazamıyorum. Fransızcayı okulda okudum.
Semra Fransızcanın ne kadarını hatırlıyorsun?
Filiz Bayağı hatırlıyorum. Okuyabiliyorum ve yazabiliyorum ama konuşamıyorum.

a Filiz İngilizce konuşabiliyor mu?
b Filiz annesiyle hangi dili konuşuyor?
c Şimdi Filiz Fransızca konuşabiliyor mu?

---

hepsi *all of them*   **bayağı** *quite (here quite well)*

---

2 Match items from the two columns below to form true sentences.

a Avustralyalılar   i Almanca konuşuyorlar.
b Avusturya'da oturan
   insanlar   ii Arapça konuşuyorlar.
c Belçikalılar   iii Fransızca konuşuyorlar.
d Brezilya'daki insanlar   iv İngilizce konuşuyorlar.
e Suudi Arabistanlılar   v Portekizce konuşuyorlar.

3 Read the following extract from a brochure about different types of accommodation and then answer the questions below.

a Çınar Oteli'nde Pansiyon Berlin'den daha çok bar var mı?
b Çınar Oteli'ndeki yüzme havuzu nasıl?
c Osmanlı Oteli denize Çınar Oteli'nden daha mı yakın?
d En çok yıldızlı otel hangisi?
e En küçük yer hangisi?
f En ucuz hangi yer?
g En çok hangi otelde oda var?
h Hangi otelin hamamı var?
i Hangi otellerde içki içebilirsiniz?
j Hangi otellerde yüzebilirsiniz?
k Nerede alışveriş yapabilirsiniz?

l Nerede dans edebilirsiniz?
m Nerenin saunası var?
n Osmanlı Oteli'nde hangi sporları yapabilirsiniz?
o Sizce hangisi en iyi?

OSMANLI OTELİ	ÇINAR OTELİ	PANSİYON BERLİN
****	*****	*
218 oda	150 oda	20 oda
2 restoran	İtalyan restoranı	Devamlı sıcak su
Klimalı odalar	Klimalı odalar	Büfe
24 saat oda servisi	Alışveriş merkezi	Denize 100 m
Tenis kortu	Kuaför	Bar
2 açık havuz	Deniz sulu yüzme havuzu	Oyun salonu
Sauna ve sağlık klübü	Türk hamamı	
Toplantı ve konferans salonu	Açık büfe restoranı	
Kuaför ve güzellik salonu	Barlar	
Çarşı	Açık hava diskosu	
Denize sıfır	Denize 30 m	

açık havuz	open-air pool
sağlık	health
güzellik	beauty
çarşı	shopping centre, market
klima	air-conditioning
yüzme havuzu	swimming pool
hamam	Turkish bath
devamlı	constant, continuous
oyun salonu	games room
yıldız	star

4 In the first column below is a list of offers. In the second
column is a description of people in need of help. Match the
offers to those who need them.

a Mektubu okuyayım mı?   i Bebeği taşıyan anne.
b İteyim.   ii Kör olan kişi.

c Sana kahve yapayım.
d Benim kalemimi vereyim.
e Çocuğu ben tutayım mı?
f Pencereyi açayım.

iii Bozuk arabada oturan kişi.
iv İşten eve gelen eşiniz.
v Terleyen adam.
vi Yazmak isteyen adam.

> **terlemek**   *to sweat, to be too hot*

5 In the first column below is a list of complaints which might be made by the person you are with. Match each one with one the suggestion you would make in reply.

a Ayaklarım ağrıyor.
b Geç kaldık.
c Susadım.
d Sıkıldım.
e Yatmak istiyorum.

i Bir yere çıkalım mı?
ii Birahaneye girelim.
iii Eve dönelim.
iv Daha hızlı yürüyelim.
v Biraz oturalım.

ağrımak	*to hurt*
susamak	*to get thirsty, to be thirsty*
sıkılmak	*to get bored, fed up*
birahane	*'beer house'*
hızlı	*quick, quickly*

6 Doğru mu, yanlış mı?

a Antalya, Londra'dan daha sıcak.
b Türkiye'de bir fincan çay bir bardak çaydan daha küçük.
c Otobüs dolmuştan daha ucuz.
d Gümüş en pahalı metal.
e Japonya, Nijerya'dan daha zengin.
f Monako dünyanın en küçük ülkesi.
g Türkiye'de en yüksek dağ Uludağ.
h Şarap, rakıdan daha kuvvetli.
i Biftek köfteden daha pahalı.
j İstanbul dünyanın en büyük şehri.

fincan	*cup, mug*	**yüksek**	*high*
bardak	*glass*	**kuvvetli**	*powerful, strong*
gümüş	*silver*	**şehri**	*city (şehir + i =*
dağ	*mountain*		*şehri)*
biftek	*steak*	**dünya**	*world*

7 These three signs are all on show in the same car park! Play safe and assume all three sets of restrictions apply. Referring to them, answer the questions below.

| **hariç** *except* | **kamyon** *lorry* |

a Pazar gecesi saat onbirde arabamı park edebilir miyim?
b Cumartesi sabahı motosikletimi park edebilir miyim?
c Pazartesi öğlen kamyonumu park edemez miyim?
d Cuma günü öğleden sonra arabamı park edebilir miyim?

8 Study this telephone dialogue between a harrassed secretary and her grumpy boss in the office next door. Fill in the gaps using each of the words listed below.

> arasın beklesinler getireyim gidemem gitsin
> gitsinler olmasın

Sekreter Bay Taşkın sizi arıyor.
Şef İşim var. Öğleden sonra tekrar ___a___.
Sekreter Peki. Bay ve Bayan Özer geldi.
Şef ___b___!
Sekreter Beklemeyecekler galiba.
Şef O zaman ___c___.
Sekreter Peki. Saat onikide Taksim'de toplantınız var.
Şef Ben ___d___. Yerime Ahmet ___e___.
Sekreter Çay ___f___ mi?
Şef Getir. Soğuk ___g___.

9 Penny has been planning a two-week tour of Turkey. She has marked all the places she wants to see on the map below. She does not know whether she will have time for all of them, so she has placed a question mark next to those which she might skip. Referring to her plan, say whether the statements below are true or false.

Doğru mu, yanlış mı?

a Penny kesinlikle İstanbul'u görecek.
b Konya'ya gitmeyebilir.

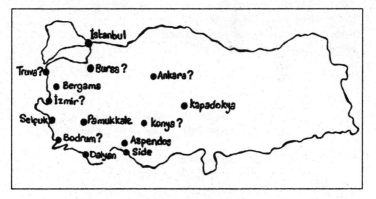

c Bergama'yı görmeyebilir.
d İzmir'de kesinlikle durmayacak.
e Selçuk'u görebilir.
f Belki Bursa'da durur.
g Bodrum'da durmayabilir.
h Penny tarihi yerleri hiç görmeyebilir.

kesinlikle	definitely		hiç	any, at all
	tarihi	historical		

10 Try guessing the meaning of these places and nationalities.

a	Amerika Birleşik Devletleri (ABD)	Amerikalı
b	Asya	Asyalı
c	Bosna	Boşnak
d	Bulgaristan	Bulgar
e	Çin	Çinli
f	Galler	Galli
g	Güney Afrika	Güney Afrikalı
h	Hindistan	Hintli
i	Kıbrıs	Kıbrıslı
j	Yeni Zelanda	Yeni Zelandalı

▶ *Konuşma* Dialogue 2

Defne and Metin have made it to the Chinese restaurant. They have just been shown to a table.

Defne   Ne yiyelim?
Metin   Bilmem. Fiyat listesini isteyelim önce.
Defne   İçki içelim mi? Bu akşam içebiliriz çünkü arabayla gelmedik.
Metin   İyi fikir. Eve taksiyle gidebilir miyiz?
Defne   Tabii.
Metin   İçelim o zaman. Bir küçük şişe rakı isteyeyim mi?
Defne   Çin yemekleriyle rakı gider mi?
Metin   Rakıyı her çeşit yemekle içebilirsin.
Defne   Çin yemekleriyle de mi?
Metin   Sanırım tabii.
Defne   Hadi, iste bakalım.

istemek	*to want (*here *to ask for)*
Çin yemekleriyle rakı gider mi?	*Does rakı go with Chinese food?*
her çeşit yemek	*every type of food*
sanırım tabii	*I reckon so*
iste bakalım	*go on, ask for it*

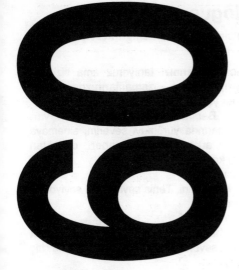

09

neler yapmayı seviyorsunuz?

what do you like doing?

In this unit you will learn how to
- express obligation
- talk about likes and dislikes
- give advice

▶ *Konuşma* Dialogue

Yasemin is a Turkish pop singer. She is being interviewed on a talk show.

Sunucu Yasemin, hepimiz şarkılarınızı tanıyoruz ama sizi kişi olarak tanımıyoruz. Boş zamanlarınızda neler yapıyorsunuz, neler yapmayı seviyorsunuz?

Yasemin Çok basit şeyler. Benim Boğaz'da bir dairem var. Oralarda, deniz kenarında yürümeyi severim, sinemaya gitmeyi severim, arkadaşlarla beraber olmaktan hoşlanıyorum... bu kadar.

Sunucu Sporu seviyor musunuz?

Yasemin Pek sevmiyorum. Biraz yani. Tenis seyretmeyi seviyorum ama oynayamıyorum.

Sunucu Futbol seyrediyor musunuz?

Yasemin Hayır! Kesinlikle hayır. Futbol seyretmekten nefret ediyorum – futbol sevenlerden özür dilerim ama hiç sevmiyorum.

Sunucu Peki, biraz da işinizden bahsedelim mi? Müzik yapmak kolay mı sizin için?

Yasemin Kolay değil – tam tersi. Çok çalışıyorum. Benim her şarkım, her konserim kusursuz olmalı. Bunun için çok çok çalışmam gerekiyor.

Sunucu Şarkılarınızı nerede yazıyorsunuz? Boğaz'daki evinizde mi?

Yasemin Yok. Evde yazamıyorum. İstanbul'dayken yazmaya çalışmıyorum. Düşünmek için sessiz bir yerde olmam lazım. Yalnız olmam gerek. Akdeniz'de özel ve sakin bir yerim var. Şarkılarımı yazmaya oraya gidiyorum.

basit	*simple*
sunucu	*compère, host*
hepimiz	*all of us*
oralarda	*around there, thereabouts*
kenar	*edge, shore*
bu kadar	*that's it, that's all*
pek	*very, a lot*
pek sevmiyorum	*I don't like it very much*
yani	*well, I mean*
futbol seven	*football lover*
(-den) özür dilemek	*to ask forgiveness from*
(-den) bahsetmek	*to discuss, to mention*
kusursuz	*faultless, perfect*

daire	*flat, apartment*
olmalı	*must be*
bunun için	*because of this*
gerekmek	*to be necessary*
çalışmam gerekiyor	*I must work (*literally *my working is necessary)*
-ken	*whilst being*
İstanbul'dayken	*when in Istanbul*
(-e) çalışmak	*to work at, to try to*
düşünmek	*to think*
lazım	*necessary*
sessiz	*quiet*
olmam lazım	*I must be*
gerek	*necessity*
olmam gerek	*I must be*
yazmaya	*in order to write*

Questions

Doğru mu, yanlış mı?

1 Yasemin tenisten nefret ediyor.
2 Yasemin müzik yapmak için çok çalışıyor.
3 Yasemin şarkıları İstanbul'da yazamıyor.
4 Yasemin'in iki evi var.

ℹ 'Yasemin'

At the time of writing this book there was no pop singer called Yasemin. This character is fictitious.

ℹ Question word *neler*

In his first question, the host uses **neler** rather than ne, because he is expecting more than one item as the answer.

ℹ Repeating words to stress them

Yasemin repeats the word **çok** in order to stress it. Repeating words in this way is very common in Turkish (see the explanation of how you make adverbs in Unit 14, language point 5).

ℹ Turkish words from Arabic

You pronounce the word **lazım** as if it was spelled **laazım**. This was originally an Arabic word, and the a in it is longer and 'softer' than a normal Turkish one. It used to be spelled **lâzım** to show that the a was different, but modern spelling does not use the circumflex accent (the 'hat'). One or two other Arabic words are, however, still spelled with a circumflex. You may have noticed **hâlâ** in Unit 7, Dialogue 2 – it is still spelled with the hats to distinguish it from another Turkish word, **hala** (which means *aunt on your father's side*).

ℹ️ Turkish television

Turkish television is full of celebrity interviews. Watching any Turkish TV show will do wonders for your Turkish, no matter how much of a beginner you are.

Language points

1 Using infinitives as nouns

You can use the infinitive forms of verbs as if they were nouns. Sometimes you use the 'full' infinitive form of the verb for this purpose, and sometimes you use a shortened form of it.

'Full' infinitive

You use the full infinitive form with adjectives, for example:

Türkçe öğrenmek kolay.	*Learning Turkish is easy.*
Girmek yasak.	*Entry (entering) is forbidden.*

You also use the full infinitive form with **istiyorum** and **için**, for example:

Oynamak için geldim.	*I came in order to play.* (literally *for playing*)
Konuşmak istiyorum.	*I want to talk.*
Konuşmamak istiyorum.	*I want to keep silent.* (literally *I want not to talk*)

'Short' infinitive

If you knock the **k** off the end of the infinitive, you have a 'short' infinitive. Most of the time, when you use verbs as nouns you use this short form.

Here are some nouns which are short infinitives:

Verb		Noun	
konuşmak	*to talk*	konuşma	*conversation*
anlaşmak	*to agree*	anlaşma	*agreement*
dolmak	*to be full, stuffed*	dolma	*stuffed item of food*
dondurmak	*to freeze something*	dondurma	*ice-cream*

Here are some examples where you use short infinitives as the first half of a compound noun:

yüzme havuzu	*swimming pool*
oturma odası	*sitting room*
içme suyu	*drinking water*
boyama kitabı	*painting book*

Stress

Do not confuse the short infinitive with negative commands. **İçme suyu** can either mean *drinking water* or *don't drink the water*! In speech, you can tell the difference through the context and the stress (in capitals below). For example:

iç-ME suyu	*drinking water*
İÇ-me suyu!	*Don't drink the water!*
ko-nuş-MA	*conversation*
Ko-NUŞ-ma!	*Don't talk!*

Remember that in negative forms of verbs, you stress the syllable in front of the **-me** ending.

2 Adding endings to infinitives as nouns

When you use infinitives as nouns, they act like any other nouns. Just like other nouns, you can give them various endings.

-den ending

When you need to add -den onto the infinitive form of a verb, you use the *full* infinitive. For example:

Uçmak*tan* korkuyorum.	*I'm afraid of flying.*
Pişirmek*ten* bıktım.	*I'm fed up of cooking.*

-i, -e endings

When you need to add -i or -e endings onto the infinitive form of a verb, you use the *short* infinitive. For example:

Pişirme*yi* bıraktı.	*He stopped cooking.*
Bulaşık yıkama*yı* planlıyorum.	*I'm planning to do the washing up.*
Bulaşık yıkamama*yı* planlıyorum.	*I'm planning not to do the washing up.*
Koşma*ya* başladı.	*He began to run.*
Bulaşık yıkama*ya* yardım et!	*Help to do the washing up!*

Possessed endings

With the possessed endings you use the *short* infinitive form. For example:

Turkish	Literal translation	English
Benim Türk olma*m* iyi.	*My being Turkish is good.*	It's good that I'm Turkish.
Senin bu kadar içme*n* iyi değil.	*Your drinking this much is not good.*	It's not good that you drink this much.
Ali'nin burada oturma*sı* problem.	*Ali's living here is a problem.*	Ali's living here is a problem.
Bizim buraya gelme*miz* çok önemli.	*Our coming here is very important.*	It's important that we come here.
Onların gitme*si* gerek.	*Their going is a necessity.*	They must go.

If you use the personal pronouns (**benim, senin,** etc.), it makes the meaning clearer. However, most of the time you can leave them out.

Possessed endings and -i, -e or -den both together

Ali'nin burada oturmasına kızıyorum.	*I'm angry about Ali living here.*
Buraya gelmemizi bekliyorlar.	*They're waiting for us to come here.*
Araba sürmenizden nefret ediyorum.	*I hate your driving.*

| Onların gitmesinden korkuyorsunuz. | *You're afraid they're going/ they'll go/they've gone.* |

Here are some examples in the negative:

| Gitmemenizi istediler. | *They did not want you to go.* |
| Onların gitmemesinden korkuyorsunuz. | *You're afraid they're not going.* |

3 Expressing obligation using *lazım*, *gerek*, *şart* and *mecbur*

Look at these nouns:

| şart | *a condition, an absolute necessity, a must* |
| gerek | *a necessity, a need* |

Now look at these adjectives:

mecbur	*forced, compelled*
gerekli	*necessary, needed*
lazım	*necessary, needed*

You can use any of the above words together with the short infinitive to say what you need to do, what you should do, or what you are forced to do. For example:

Saat sekizde işte olmam lazım.	*I need to be at work at eight o'clock.*
Saat sekizde işte olman gerek.	*You need to be at work at eight o'clock.*
Saat sekizde işte olması gereklidir.	*She needs to be at work at eight o'clock.*
Saat sekizde işte olmamız şart.	*We've simply got to be at work at eight o'clock.*

Şart and **mecbur** are the strongest expressions. For example:

– Gelmeniz lazım.	*– You must come.*
– Şart mı?	*– Is it absolutely necessary?*
– Mecbur.	*– Yes it is.*

There is also a verb **gerekmek**, which is handy for talking about what will need doing in the future or what needed doing in the past. For example:

Onların her gün işte olması gerekir.	*They need to be at work every day.*
Onların işte olması gerekiyor.	*They should be at work now.*
Onların işte olması gerekecek.	*They'll have to be at work.*

| Dün onların işte olması gerekti. | *They had to be at work yesterday.* |

4 Expressing obligation using -*meli*

You can spot the Turkish equivalent of *must*, *should* or *ought to* by the inclusion of -**meli** in a verb form.

To use these forms, follow these steps:

Action	Positive example	Negative example
Take the stem of the verb.	git	git
Add -**me** if the verb is to be negative.	git	gitme
Add -**meli** after the verb stem.	git**meli**	gitme**meli**
Add the relevant part of the verb *to be*.	gitmeli**yim**	gitmemeli**yim**

Here are some examples:

Okula git*meli*sin.	*You must go to school.*
Girme*meli*ler.	*They mustn't enter.*
İşimizi yap*malı*yız.	*We must do our work.*
Koşma*malı*sınız.	*You mustn't run.*

Note how -**meli** follows e-type vowel harmony.

You often use the -**meli** form to offer advice or make strong suggestions:

| Doktora gitmelisiniz. | *You must see a doctor.* |
| Sigara içmeyi bırakmalısın. | *You must stop smoking.* |

5 *olmak*: 'to be/become'

The verb **olmak**, as well as meaning *to be* or *to become*, occurs in a number of common phrases where it has particular meanings. For example:

oldu	*that's agreed, that's fine, that's settled*
oldu bir kere	*it's over and done with*
ne oluyor?	*what's happening?*
ne oldu?	*what's happened?*
olur mu?	*is that all right?*
olur	*it's possible, OK, all right*
olmaz	*it's not all right*

olabilir	*it's possible, maybe*
olamaz	*it's not possible*
olsun	*let it be, leave it alone, forget it*

6 *-lik* ending

Turkish uses the ending -**lik** to make nouns out of other parts of speech (adjectives, adverbs or nouns).

It is sometimes similar to the English ending *-ness*, which means *being*. For example:

mutlu	*happy*	mutluluk	*happiness (being happy)*
hasta	*ill*	hastalık	*illness*
sağ	*well, alive*	sağlık	*health, healthiness*
yalnız	*lonely*	yalnızlık	*loneliness*
asker	*soldier*	askerlik	*national service (being a soldier)*

It is also used for objects and places. For example:

kim	*who*	kimlik	*identity card*
bakan	*minister*	bakanlık	*ministry*
ön	*front*	önlük	*bib, apron*
yağmur	*rain*	yağmurluk	*raincoat*
yaz	*summer*	yazlık	*summer house*

Turkish also uses -**lik** to make adjectives. Here it has a meaning similar to *for*. For example:

iki kişi	*two people*	iki kişilik	*for two people*
yaz	*summer*	yazlık	*summer, for the summer*
gün	*day*	günlük	*daily*
hafta	*week*	haftalık	*weekly*

Exercises

1 In the first column below is a list of complaints. Match each complaint with suitable advice from the second column.

a Başım ağrıyor.
b Arabam çok pis.
c Onun saçları çok uzun.
d Bu mektubu postalamak istiyor.
e Şişmanlıyorum.
f Öksürüyorum.
g Geç kaldık.
h Arabası bozuk.
i Köprü kapalı.
j Cüzdanımı kaybettim.

i Yıkamalısın.
ii Çok yememelisin.
iii Pul almalı.
iv Berbere gitmeli.
v Aspirin içmelisiniz.
vi Acele etmeliyiz.
vii Daha dikkatli olmalısın.
viii Sigara içmemelisin.
ix Dolmuşa binmeli.
x Vapurla geçmeliyiz.

baş	*head*	**acele etmek**	*to hurry*
pis	*dirty*	**dikkatli**	*careful*
postalamak	*to post*	**içmek**	*to drink,*
şişmanlamak	*to get fat*		*to take*
öksürmek	*to cough*		*medicine*
yıkamak	*to wash*	**vapur**	*ferry*
berber	*barber*		

2 Fill in the gaps using -mek, -meyi, meye or -mekten.

a Otobüsten in_____ istiyorum.
b Fransa'ya git_____ planlıyor musun?
c Türk restoranında ye_____ seviyorum.
d Kayak yap_____ hoşlanıyor.
e Onu gör_____ kaçınmak istiyorum.
f Onu görme_____ çalışıyorum.
g Araba sür_____ öğreniyor.
h Gül_____ başladı.
i Sigara iç_____ bırakmalı.
j Yardım et_____ bıktım.

kayak yapmak	*to ski*
(-den) kaçınmak	*to avoid ...ing*

3 Tayfun works in a bank. Say whether the following statements refer to his weekends (**hafta sonu**) or his weekdays (**çalışma günleri**).

a Blucin giymemeli.
b Geç kalkmamalı.
c Takım elbise giymesi gerekli değil.
d Kravat takması gerek.
e Çalışması lazım değil.
f Kravat takması gerekmez.
g Traş olması şart değil.
h Erken kalkması gerekmez.
i Çok çalışması lazım.
j Takım elbise giymeli.

blucin	*blue jeans*	**kravat**	*tie*
takım elbise	*suit*	**traş olmak**	*to shave*

4 Translate the following sentences into Turkish using either -**meli** or **gerekmek**.

a *I don't have to go.*
b *I mustn't go.*
c *He doesn't need to watch.*
d *We mustn't stop.*
e *You don't have to ask, Sir.*
f *They needn't pay.*

5 The following jumbled dialogue is set in a post office. Rearrange the sentences in the order which makes the most sense.

a – Buyurun. Başka bir şey?
b – Bakın şuradaki kutuya. 'Yurt dışı'.
c – Fransa'ya altı pul lütfen.
d – Evet, lütfen.
e – Mektupları hangi kutuya atacağım?
f – Rica ederim.
g – Teşekkür ederim.
h – Uçakla mı?

6 Below are the questions and answers from a magazine interview with a famous theatre actor. Match the questions and answers.

a Sizi en çok ne kızdırır.

b Son olarak hangi kitabı okudunuz?

i 9-10 yaşlarımda, Marilyn Monroe'ya.

ii Dostum çok ama kaçı gerçek bilmiyorum.

c En sevdiğiniz lokanta
hangisi?

d Kaç gerçek dostunuz var?

e İlk önce kimi
düşünüyorsunuz?

f Sizce en büyük mutluluk
nedir?

g En çok hangi işi yapmayı
seviyorsunuz?

h En çok sevdiğiniz
TV programı?

i İlk ne zaman ve kime
aşık oldunuz?

j En son kimi öptünüz?

iii Tüm yerli, yabancı
dizileri beğeniyorum.

iv Mesleğimle ilgili
çalışmalar.

v Önce kendimi, sonra
eşimi.

vi Yalan ve riya.

vii Ali'nin Yeri, Bodrum'da.

viii Torunum Orhan'ı.

ix Şato – Franz Kafka.

x Sağlık, sağlık ve sağlık.

kızdırmak	*to annoy*
en sevdiğiniz	*your favourite*
gerçek	*real, true*
dost	*friend*
ilk önce	*first of all, above all else*
9-10 yaşlarımda	*when I was around 9 or 10*
tüm	*all, every*
yerli	*local, domestic* (i.e. not foreign)
dizi	*series*
-le ilgili	*connected with, to do with*
yalan	*lie*
riya	*hypocrisy, two-facedness*

7 Below are jumbled pieces of advice for Western tourists in Turkey. Some suggest how to cope with the heat. Others explain how to behave when visiting a mosque. Decide whether each sentence is related to the heat or to mosques.

a Açık renkli, pamuklu giysiler giymeli.
b Ayakkabıları çıkartmalı.
c Bebeklere sık sık su vermeli.
d Fazla alkollü içki almamalı.
e Güneşten koruyucu krem kullanmalı.
f Gürültü yapmamalı.
g Kadınlar saçlarını örtmeli.
h Öğle saatlerinde gölgede kalmalı.
i Şapka giymeli.
j Şortla girmemeli.

açık	light-coloured, open	gürültü	noise
pamuk	cotton	örtmek	to cover
giysiler	clothes	gölge	shadow
koruyucu	protective	ayakkabı	shoe
şort	shorts	sık sık	often

8 Match the Turkish words in the left-hand column below with their correct meanings on the right.

a	askerlik	i	*union*
b	başlık	ii	*for hire*
c	birlik	iii	*beauty*
d	gözlük	iv	*potty, chamber pot*
e	güzellik	v	*for now*
f	iyilik	vi	*annual*
g	kiralık	vii	*military service*
h	lazımlık	viii	*headline*
i	şimdilik	ix	*goodness*
j	yıllık	x	*glasses, spectacles*

asker	soldier	kira	rent
baş	head	yıl	year
göz	eye		

9 Which of the alternatives listed below are appropriate for the given situation? One or more may be suitable.

a You want to tell someone you understand what they are telling you.
   i Oldu.
   ii Olur.
   iii Olsun.

b You want to agree to a request.
   i Oldu.
   ii Olur.
   iii Olsun.

c You want to say *let's not worry about it.*
   i Oldu.
   ii Oldu bir kere.
   iii Olsun.

d You want to say you're not sure about something.
  i Olmaz.
  ii Olamaz.
  iii Olabilir.
e You want to disagree.
  i Olmaz.
  ii Olamaz.
  iii Oldu bir kere.
f You want to ask for someone's agreement.
  i Olur mu?
  ii Oldu mu?
  iii Ne oldu?
g You want to show you're surprised.
  i Olur mu?
  ii Olamaz.
  iii Ne oldu?

10 Match items from the two columns below to make compound nouns.

a	bekleme	i	diş
b	çekme	ii	kalem
c	dolma	iii	yatak
d	gitme	iv	haftası
e	okuma	v	salonu
f	takma	vi	zamanı

çekmek	*to pull*	**diş**	*tooth*

▶ *Konuşma* Dialogue 2

The interview with Yasemin continues.

Sunucu Gelecek ay Türkiye turuna çıkacaksınız öyle mi?
Yasemin Evet. Önce İzmir'e gidiyoruz. Ondan sonra, Marmaris, Alanya ve Antalya'ya.
Sunucu İstanbul'da da konser verecek misiniz?
Yasemin Evet. Açık hava tiyatrosunda.
Sunucu Öbür konserler nerede olacak?
Yasemin Hepsi açık havada. Ah! Unuttum – en büyük konserimizi Aspendos'ta vermeyi planlıyoruz. Çok güzel olacak.
Sunucu Avrupa turuna çıkmayı düşünüyor musunuz?

Yasemin Şimdilik düşünmüyorum. Yeni yılda olabilir. Almanya, Avusturya gibi ülkelere gidebilirim. Henüz bilmiyorum.

Sunucu Yasemin, size başarılar diliyoruz.

Yasemin Çok çok teşekkürler.

Sunucu Biz de çok teşekkür ediyoruz.

tur	*tour*	**unutmak**	*to forget*
öyle	*like that*	**planlamak**	*to plan, organize*
öyle mi?	*isn't that so?*	**düşünmek**	*to think*
ondan sonra	*after that*	**ülke**	*country*
açık hava	*open air*	**başarı**	*success*
öbür	*the other*		

129

neler yapmayı seviyorsunuz?

09

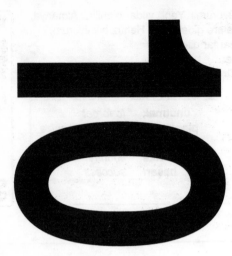

10

eğer geçmezse, ilaç veririm

if it doesn't get better, I'll give you some medicine

In this unit you will learn how to
- say what will happen if something else happens
- say what you need
- give advice
- say how long something has been going on

▶ *Konuşma* Dialogue

Sibel Hanım is at the chemist's.

Eczacı	Günaydın efendim. Ne arzu edersiniz?
Sibel Hanım	Günaydın. Birkaç şey istiyorum. Dün eşim güneşte çok fazla kaldı. Yandı. Sırtı kıpkırmızı oldu. Başı da ağrıyor. Ne tavsiye edersiniz?
Eczacı	Evet. Baş ağrısı için ilaç içti mi?
Sibel Hanım	Hiçbir şey içmedi.
Eczacı	Başı için aspirin vereceğim size. İki tane içsin. Eğer gerekirse, günde dört kere alabilir. Sırtı için bir merhem veriyorum. Eşinizin sırtına iki saatte bir sürün. Bugün güneşe hiç çıkmamalı. Evde dinlensin. İnşallah yarın kendisini daha iyi hisseder. İyi hissetmezse, doktora gitsin. Tamam mı?
Sibel Hanım	Anladım.
Eczacı	Başka ihtiyacınız var mı?
Sibel Hanım	Oğlumun da bir ilaca ihtiyacı var. İshal için.
Eczacı	Kaç yaşında?
Sibel Hanım	Onüç yaşında.
Eczacı	Ne zamandan beri ishali var?
Sibel Hanım	Dün geceden beri.
Eczacı	Çok mu fena?
Sibel Hanım	Çok fena değil, ama rahatsız.
Eczacı	O zaman ilaç vermeyin şimdi. Yarına kadar bekleyin. Akşama kadar hiçbir şey yemesin. Eğer yarın geçmezse, yine gelin ilaç veririm. Geçer inşallah.
Sibel Hanım	İnşallah.

eczacı	*chemist*
arzu etmek	*to want, wish, desire*
birkaç	*a few*
fazla	*too, too much*
yanmak	*to burn*
sırt	*back*
kıpkırmızı	*crimson*
baş	*head*
tavsiye etmek	*to suggest, recommend*
ağrı	*ache, pain* (noun)
ilaç	*medicine*
adet	*unit, piece* (here *tablet*)
eğer	*if*
gerekirse	*if it's necessary*

dört kere	four times
merhem	lotion, ointment
sürmek	to rub, spread
dinlensin	he should relax
inşallah	God willing, hopefully
hissetmek (+ kendi)	to feel (oneself)
hissetmezse	if he doesn't feel
ihtiyaç	need
-e ihtiyacı var	he needs ...
ishal	diarrhoea
kaç yaşında	how old?
-den beri	since
ne zamandan beri	since when
rahatsız	uncomfortable
geçmezse	if it isn't better (literally *if it doesn't pass*)

Questions

1 Sibel'in eşi niçin yandı?
2 Eczacı, Sibel'in eşi için ne veriyor?
3 Sibel'in oğlunun nesi var?
4 Eczacı, Sibel'in oğlu icin ne veriyor?

🛈 At the chemist's

There is a chemist's on almost every corner in Turkey. For minor ailments they are the first port of call for advice. Many people visit them rather than a doctor, as most medicine is sold without a prescription.

🛈 Loan words

Note how **onun ishali** has the letter **i** as the possessed ending, where you might expect ı. This is an exception to the rule. **İshal** is a word which Turkish has adopted from Arabic. You may see it spelled **ishâl**. When you see an a with a circumflex accent on top, it tells you it is longer and softer than a normal Turkish **a**. With loan words like **ishal**, vowel harmony follows the *pronunciation* rather than the spelling. The words **saat** and **meşgul** act in this way. Thus, *hours* is **saatler** rather than **saatlar** and *I'm busy* is **meşgulüm** rather than **meşgulum**.

🛈 *Allah* in Turkish phrases

Like **inşallah**, there are many phrases in Turkish which contain **Allah**. Here are some more:

Allah Allah	Good God! Oh my God!
Allah aşkına	for God's sake, for heaven's sake
Allah bilir	God knows
Allah korusun	may God protect (a common sign in minibuses and taxis)
Allahtan	luckily, fortunately
Allaha şükür	thank God
Allahaısmarladık (pronounced alasmarladık)	goodbye (use it only when leaving someone else's house)
Maşallah!	What a lovely child! (a liberal translation; you use this expression to admire children)

Language points

1 Present tense 'if' forms

'If' forms of 'to be'

You can spot the idea of *if* in Turkish in personal endings containing -se-. Here are the present tense *if* forms of the verb *to be*:

Normal form		**If form**	
iyiyim	I'm fine	iyiysem	if I'm well
hafifsin	you're light	hafifsen	if you're light
Türk	she's Turkish	Türkse	if she's Turkish
iyiyiz	we're fine	iyiysek	if we're fine
hafifsiniz	you're light	hafifseniz	if you're light
Türkler	they're Turkish	Türkseler or Türklerse	if they're Turkish

You should note the need for a buffer -y- after a word ending in a vowel – iyiysem, iyiysek.

These endings follow e-type vowel harmony, so you will also see -sam, -san, -sa, -sak, sanız and -salar.

'If' forms of other verbs

The *if* forms of the verb *to be* can act as the *if* form of personal endings on verbs. So to make the *if* form of the **-r** present tense, you follow these steps:

Action	Example
Take the **-r** present form of the verb.	yaparsınız
Remove the personal ending.	yapar
Add the *if* form of the verb *to be*.	yapar**sanız**

Here are some more examples:

Simple present form		*If* form	
gelir**im**	*I come*	gelir**sem**	*if I come*
yapar**sın**	*you do*	yapar**san**	*if you do*
ister	*she wants*	ister**se**	*if she wants*
otur**uruz**	*we sit*	otur**ursak**	*if we sit*
görür**sünüz**	*you see*	görür**seniz**	*if you see*
açar**lar**	*they open*	açar**larsa**	*if they open*

Here are some examples of full sentences using *if* forms:

Telefon etmez*sem* saat ikide buluşacağız.	*If I don't phone, we'll meet at two o'clock.*
İster*sen* sinemaya gidelim.	*If you want, let's go to the cinema.*
Bana dokunur*sa* döverim onu.	*If he touches me, I'll beat him up.*
Sorar*sak* cevap verir misiniz?	*If we ask, will you answer?*
Ali'yi bulur*sanız* benden selam söyleyin.	*If you find Ali, say hello from me.*
Gelebilir*lerse* memnun olurum.	*If they can come, I'll be happy.*

You can put the word **eğer** before an *if* form of a verb. However, you usually don't need it. For example:

(Eğer) ister*sen* bizimle gelebilirsin.	*If you want, you can come with us.*
(Eğer) dükkana gider*se* bir litre kola alsın.	*If he's going to the shop, ask him to buy a litre of cola.*

Grammar books refer to *if* forms as conditional forms. The present *if* form is sometimes called the first conditional.

Other 'if' forms

You can use the -se ending with **var** and **yok**. For example:

Paramız yoksa gidemeyiz.	*If we've no money, we can't go.*
Problem varsa bana haber ver.	*If there's a problem, let me know.*

You can also make conditional forms of the **-iyor** present or the future tenses. This book will not describe these forms in detail, but here are two examples:

Şimdi geliyorsa, ne yapalım?	*If he's on his way, what shall we do?*
Gelecekse, erken gelsin.	*If he's going to come, tell him to come early.*

You will learn about conditional forms of the past tense in Unit 16.

2 Using the -r present tense in conditional sentences

You use the present *if* form to talk about possible future events and what will happen in the event that they do happen.

Eğer gelirse ...   *If he comes ...*

You often follow a present *if* form with a verb in the **-r** present tense. For example:

Eğer gelirse memnun olurum. *If he comes I'll be happy.*

You use the **-r** present tense in sentences like this rather than the **-ecek** future tense.

Listen out for warnings using the **-r** present tense. For example:

Düşersin!	*You'll fall!*
Tokatı yersin!	*You'll get (literally eat) a slap!*

When people make warnings like this, they are using the second half of a conditional sentence. They're leaving the *if ...* part of the sentence unspoken. What they really mean is *if you're not careful, you'll fall* or *if you do that again, you'll get slapped*.

3 Saying 'I need'

The Turkish equivalent of *I need a holiday* is *I have a need to a holiday*.

Tatile ihtiyacım var.	*I need a holiday.*
Neye ihtiyacımız var?	*What do we need?*
Onların bana ihtiyacı var mı?	*Do they need me?*

Note how the **ç** in **ihtiyaç** becomes **c** to ease pronunciation.

> **ihtiyaç**   *need*

4 'Since' and 'for'

'Since'

When talking about time, the Turkish equivalent of *since* is **-den beri**. Here are some examples:

Ne zaman*dan beri*?	*Since when?*
Dün*den beri*.	*Since yesterday.*
Bu sabah*tan beri* hastayım.	*I've been ill since this morning.*
Bindokuzyüzdoksanbeş*ten beri* burada oturuyorum.	*I've lived here since 1995.*

You should note that in Turkish you say *I am ill since yesterday*, but in English you say *I've been ill since yesterday*. Likewise, in Turkish you say *I'm living here since 1995*, not *I've lived here since 1995*.

'For'

When talking about time in the past, the equivalent of *for* is:

- **-den beri** or **dir** if the action is still continuing;
- nothing if the action is finished.

Çok*tan beri* buradayım.	*I've been here for a long time.*
Bir hafta*dan beri* burada kalıyorlar.	*They've been staying here for a week.*
Ne zaman*dır* buradasın?	*How long have you been here for?*
İki gün*dür* yemiyoruz.	*We haven't eaten for two days.*
İki gün yemedik.	*We didn't eat for two days.*
Okul iki gün kapalıydı.	*The school was closed for two days.*

5 *Kadar*: 'until'

The equivalent of *until* is **-e kadar**, which also means *as far as* or *up to*. For example:

Çarşambaya kadar buradayım.	*I'm here (I'll be here) until Wednesday.*
Beşe kadar beklerim.	*I'll wait until 5.*
Işıklara kadar gidin.	*Go as far as the lights.*
Sonuna kadar okudun mu?	*Did you read it up to the end?*

Kadar on its own can also mean *as ... as...*. For example:

Senin kadar akıllı değil.	*He's not as clever as you.*
Aslan kadar kuvvetliyim.	*I'm as strong as a lion.*
Perihan, Didem kadar güzel.	*Perihan is as beautiful as Didem.*
Onlar kadar zengin olmak istemiyorum.	*I don't want to be as rich as them.*

Note that **ben, sen, biz** and **siz** take a possessor ending, but **o**, **onlar** and nouns do not. For example:

biz*im* kadar	*as much as us*
o kadar	*that much*
David kadar	*as much as David*

6 Parts of the body

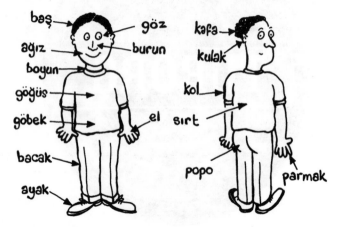

Exercises

1 Match the statements in the first column to the correct replies in the second.

a Çok çamurluyum.	i Anahtara ihtiyacınız var.
b Futbol oynamak istiyorum.	ii Biraya ihtiyacın var.
c Kapıyı açamıyoruz.	iii Duş yapmaya ihtiyacın var.
d Saçlarımı taramam lazım.	iv Mayoya ihtiyacın var.
e Susadım!	v Tarağa ihtiyacın var.
f Yüzmeye gitmek istiyorum.	vi Topa ihtiyacımız var.

çamur	*mud*	**mayo**	*swimming costume*
taramak	*to comb*	**tarak**	*comb*
susamak	*to get thirsty*	**top**	*ball*

2 Fill in the gaps below with the correct verb endings.

a Çok yorgunsam, erken yat_____.
b Eğer hava güzel ol_____, plaja gideriz.
c Paris'e gidersek, Eyfel Kulesi'ni gör_____.
d Türk yemeklerini sev_____, sana bir Türk yemeği pişiririm.
e Param yeterse, bir Türk kilimi al_____.

3 Build meaningful sentences using one item from each of the three columns below.

a Eldiveni	bacağınıza	giyersiniz.
b Gözlüğü	başınıza	sürersiniz.
c Ceketi	bileğinize	sararsınız.
d Küpeyi	boynunuza	takarsınız.
e Kaşkolu	dudağınıza	
f Külotlu çorabı	elinize	
g Ruju	gözlerinize	
h Saati	kulağınıza	
i Şapkayı	parmağınıza	
j Yüzüğü	sırtınıza	

eldiven	*gloves*
kaşkol	*scarf*
küpe	*earring*
külotlu çorap	*tights*
dudak	*lip*
bilek	*wrist*
ruj	*lipstick*
yüzük	*ring*
takmak	*to attach, to fasten, to put on, to fix*

4 State what you would do in the situations given below. Then look at the answers in the key at the back of the book to compare your opinion with ours. Would we all do the same thing in each situation?

Eğer aşağıdaki problemler varsa ne yaparsınız? Doktora mı, eczaneye mi, acil servise mi gidersiniz yoksa hiçbir şey yapmaz mısınız?

a Geçen akşamdan beri ishaliniz var.
b İki gündür gribiniz var.
c Bir saattir burnunuz çok kanıyor.
d Evvelki günden beri burnunuz akıyor.
e Biraz önce kolunuzu kırdınız.
f İki saattir karnınız ağrıyor.
g Nezle oldunuz.
h Üç gündür boğazınız ağrıyor.
i Bir haftadır ayağa kalkarken başınız dönüyor.
j Birkaç saatten beri öksürüyorsunuz.

aşağıda	below, downstairs
acil	emergency
yoksa	or else
hiçbir şey	nothing
grip	flu
kanamak	to bleed
evvelki	previous
evvelki gün	the day before yesterday
akmak	to run, seep
kırmak	to break
karın	stomach
nezle olmak	to have a cold
boğaz	throat
başınız dönüyor	you feel faint / dizzy

5 There are ten items of clothing hidden in this square. One has been found for you.

p	o	t	i	ş	ö	r	t
a	y	a	k	k	a	b	ı
l	i	ğ	r	b	ç	l	m
t	ç	m	a	y	o	u	ü
o	ş	u	v	c	e	z	r
ç	o	r	a	p	v	h	a
e	r	u	t	a	k	ı	m
b	t	g	ö	m	l	e	k

6 Mönüye bakarak sorulara cevap verin.

a En ucuz yemeği seçersem ne kadar tutar?
b Vejetaryensem ne yiyebilirim?
c Piliç hariç et sevmezsem kaç çeşit yemek yiyebilirim?
d Tipik Türk yemeğini yemek istersem ne tavsiye edersiniz?
e En pahalı yemek hangisi?

MÖNÜ

IZGARAMIZDAN	FROM GRILL
Bonfile 30.000	Fillet Steak
Kuzu Pirzolası 80.000	Lamb Cutlets
Kuzu Şiş 80.000	Shish Kebab
	(The famous Turkish shish kebab served with grilled seasonal vegetables and Turkish Pliaff)
Dana Biftek 80.000	Beef Steak
Karışık Izgara 95.000	Mixed Grill
(Kuzu Pirzolası, Kuzu Böbrek, Ciğer, Köfte ve Sosis Bütun ızgara etlerimiz taze mevsim sebzeleri ile servis edilir.)	(Lamb cutlets, kidneys, and liver, meatballs and sausage All dishes from grill served with seasonal vegetables)
Köfte 65.000	Köfte
	(Spicy minced meatballs)
Tavuk 70.000	Grilled Chicken

TENCERE YEMEKLERİMİZ	CHEF'S CASSEROLE DISHES
	Escolopes of Veal
Dana Suprem	Supreme
(Tereyağda pişirilmiş kremalı dana eti beyaz sosla servis edilir)	(Sauteéd Escolopes of Veal served with sauce supreme)
Kıral usulü Tavuk 75.000	Chicken à la King
(Mantar ve kremalı tavuk sote)	(Chicken cooked in mushroom sauce)
Maryland usulü Piliç 70.000	Chicken Maryland
(Tavuk budu pane, ızgara edilmiş ananasla servis edilir.)	(Panéed chicken served with slice of pineapple)
Günün Spesiyalitesi	Special Dish of the Day

7 Fill in the gaps in the sentences below using the correct endings.

a Hemen hemen Ali_____ kadar şişmansın!
b Siz_____ kadar güzel yok.
c Yarın_____ kadar çalışacağım.
d Hikayem bu_____ kadar.
e Yolun sonu_____ kadar gidersen görürsün.
f Onlar_____ kadar zengin değiliz.

8 Arrange the following words in order of distance from the ground. Start with the lowest part of the body first!

   ağız   ayak   burun   göğüs   göbek   kafa   popo

9 Match items **a–j** from the left column to items **i–x** to make the ten most meaningful sentences.

a	Eğer bize sorarsan	i	onlar da bize etmezler.
b	Eğer benimle evlenirsen	ii	ben sana alışveriş yaparım.
c	Eğer biletiniz yoksa	iii	eve erken dönmeyebilirler.
d	Eğer eğlenirlerse	iv	geç gelirsiniz.
e	Eğer listeyi yazarsan	v	giremezsiniz.
f	Eğer onlara yardım etmezsek	vi	pişman olmazsın.
g	Eğer Türkçe konuşabilirsen	vii	sana cevap veririz.
h	Eğer treni kaçırırsanız	viii	mesaj bırakın.
i	Eğer işime gitmezsem	ix	iyi bir mazerete ihtiyacım olacak.
j	Eğer evde değilsek	x	Türkler seni çok severler.

---

kaçırmak	*to miss*
mazeret	*excuse, reason*
ödünç vermek	*to lend*
pişman olmak	*to regret, to have regrets*

▶ *Konuşma* Dialogue 2

The next day Sibel returns to the chemist's.

Sibel   Günaydın.

Eczacı   Günaydın. Eşiniz, oğlunuz nasıl?

Sibel   Teşekkürler. Oğlumun ishali geçti. Eşimin sırtı hâlâ kötü ama yavaş yavaş iyileşiyor.

Eczacı   Evet. Memnun oldum. Şimdi ne arzu edersiniz? Umarım, be sefer bir hastalık için değildir.

Sibel   Değil, allaha şükür. Bugün traş kremi, jilet, ve mendil istiyorum.

Eczacı   Tıraş kremi kalmamış. Öğleden sonra gelecek.

Sibel   Peki. Diş macunu ve diş ipi var mı?

Eczacı   Diş ipi de kalmamış. Öğleden sonra onu da bekliyoruz.

Sibel   Tamam. Diğerleri için yarın gelirim. Borcum nedir?

Eczacı   Bir dakika hesaplayayım.

kötü	*bad*
iyileşmek	*to get better, to recover*
bu sefer	*this time*
-e karşı	*against*
traş	*shave*
jilet	*razor*
mendil	*handkerchief*
kalmamış	*is not left*
macun	*paste*
ip	*string, thread*
diğer	*other*
borç	*debt*
borcum nedir	*what do I owe you?*
hesaplamak	*to calculate*

11

sizce çok sakin bir yermiş!

you said it was a very quiet place!

In this unit you will learn how to
- make complaints
- apologize
- report what someone else has said
- say what you expect to have happened

▶ *Konuşma* Dialogue

The Çelik family have returned early from a disastrous holiday in an hotel in Bodrum. Elif Çelik has returned to the travel agency where she booked the hotel in order to complain.

Elif İyi günler. Müdürle konuşmak istiyorum.

Görevli Maalesef müdür bey yok şu anda. Ben yardım edebilir miyim?

Elif Belki. Bir şikâyetim var. İki ay önce firmanızla otel rezervasyonu yaptım. Bodrum'da, üç kişi, bir hafta için. Tam pansiyon. Çarşamba, yani iki gün önce gittik. Tatilimiz felaketti. Bugün döndük.

Görevli Çok özür dilerim. Problem neydi?

Elif Otel. Sizce 'Klüp Osman' oteli lüks bir otelmiş, çok sakin bir yermiş, odaları deniz manzaralı ve balkonluymuş, birinci sınıf restoran varmış.

Görevli Evet?

Elif Otele gelince, boş oda yok dediler. Şikâyet ettikten sonra, dört saat bekledik. En sonunda bize otelin arkasında iki oda verdiler. Ne manzaralı, ne balkonlu. Benim odamda tuvalet bozuk, öbür odada da su yoktu. Hem bizim, hem de oğlumuzun yatak çarşafları kirliydi.

Görevli Çok ...

Elif Otel çok gürültülü. Açık hava diskoteğin tam yanında. Müzik saat dörde kadar devam etti. Hiç uyuyamadık.

Görevli Çok ...

Elif Sizce otelin restoranı birinci sınıfmış. Saçma! Yemekleri berbattı. Yağlı, tatsız, iğrenç ...

Görevli Çok, çok özür dilerim. Çok fena olmuş. Otelin müdürüne şikâyet ettiniz mi?

Elif Şikâyet etmeye çalıştık ama, müdür ya meşgul ya hasta ya da yokmuş. En sonunda döndük. Felaketti. Paramı geri almak istiyorum hemen şimdi.

Görevli Çok üzüldüm. Kusura bakmayın. İsminizi ve telefon numaranızı verirseniz müdürümüze haber veririm. En kısa zamanda sizi arar.

görevli	*employee*
şikâyet	*complaint*
tam pansiyon	*full board*
felaket	*disaster*
dönmek	*to return*
manzara	*view, panorama*
birinci sınıf	*first class*

otele gelince	on arriving at the hotel
şikâyet ettikten sonra	after complaining
en sonunda	finally, in the end
ne ... ne ...	neither ... nor ...
öbür oda	the other room
hem ... hem ...	both ... and ...
çarşaf	sheet
gürültülü	noisy
devam etmek	to continue, to go on
saçma	nonsense
berbat	terrible
tatsız	tasteless
iğrenç	disgusting
şikâyet etmeye çalıştık	we tried to complain
ya ... ya ...	either ... or ...
geri almak	to take back
hemen şimdi	right now
en kısa zamanda	as soon as possible
üzülmek	to be sorry

Questions

1 Kaç kişi Bodrum'a gitti?
2 Elif otelin restoranından memnun kaldı mı?
3 Elif otelin müdürüne şikayet edebildi mi?
4 Elif görevliden ne istiyor?

ℹ️ 'Both', 'either', 'neither'

Note the repeated words in the expressions **hem ... hem ...**, **ya ... ya ...** and **ne ... ne ...** . Here are some more examples of their use:

Hem futbol hem voleybol oynamayı severim.

I like playing both football and volleyball.

Ya çarşamba ya perşembe gelin.

Come either on Wednesday or on Thursday.

Yavuz ne yakışıklı ne sempatik.

Yavuz is neither handsome nor likeable.

Language points

1 -miş ending

The ending -miş on a verb means *apparently*, *supposedly* or *reportedly*. To make this form of the verb you take the following steps:

Action	Example
Take the verb stem.	al
Add -miş.	al**mış**
Add the personal ending.	al**mışım**

Here are some examples:

Ben yapmışım.	*I did it, supposedly.*
Dün gelmişsin.	*You're supposed to have come yesterday, apparently you came yesterday.*
Bitmiş diyorlar.	*They say it's finished.*
Kaçırmışız.	*They say we've missed it.*
Arabamı siz sürmüşsünüz.	*Apparently it's you who drove my car.*
Futbol oynamışlar.	*I gather they play football.*

You can use the ending -miş with the verb *to be*. Here are some examples:

iyiymişim	*I am/was supposed to be good*
postacıymışsın	*I gather you are/were a postman*
İngilizmiş	*it's said he is/was English*
şişmanmışız	*they say we are/were fat*
sempatikmişsiniz	*apparently you are/were likeable*
tehlikeliymişler	*they are/were said to be dangerous*

Note how these examples could be referring either to the present or the past. Note also how you need a buffer -y- between a vowel and -miş.

Here are some questions using -miş:

Enteresan mıymış?	*Is it supposed to be interesting?*

Türk değil miymiş?	*Wasn't she supposed to be Turkish?*
Neymiş?	*What did you say it was?*
Neredeymiş?	*Where do they say it was?*
Niçinmiş?	*Why?*

2 Using -*miş*

You will hear -**miş** forms used *very* frequently in spoken Turkish. People use them in order to distance themselves in some way from what they're saying.

More specifically, you use -**miş** forms for the following purposes:

Purpose	Example	Translation
saying what someone else said	Otel güzelmiş.	*They said the hotel was nice.*
talking about something you're not sure of (and are therefore asking the listener to approve)	Doğru mu yapmışım?	*Have I done it right?*
for something you've just discovered or noticed (and are therefore not responsible for)	Aa! Çorabım kaçmış!	*Oh! My stocking's laddered!*

You should note that the common element in all these usages is in some way saying you're not sure about or not involved in the action.

You use -**miş** to tell fairy stories, jokes or anecdotes. For example:

| Bir güzel prenses varmış ... | *There was a beautiful princess ...* |
| Üç erkek bara girmiş ... | *Three men walked into a bar ...* |

Whilst storytelling, the tense once again 'excuses' the narrator, suggesting *I wasn't there, but ... .*

It's no wonder that Turks use -**miş** forms a lot. If there was a -**miş** tense in English, I'm sure great use would be made of it by the English too. So I'm told, apparently ...

3 Nouns and adjectives ending in *-miş*

There are some nouns and adjectives which end in -miş, for example:

geçmiş	*the past*
dolmuş	*a 'stuffed' taxi*
iyi pişmiş	*well-cooked*
kızarmış	*fried*

4 *-miştir* ending

He and *they* forms of verbs ending in -miştir or -mişlerdir can have two different meanings.

'I expect ...'

You can use -miştir when you're not sure that something's happened, but expect it to be the case. English equivalents are the expressions *I expect* or *must have*. For example:

Bir saat önce çıktı. Şimdi oraya gelmiştir.	*She left an hour ago. She must have arrived by now.*
Bu iş iyi değil. Hızlı yapmışlardır.	*This work's not good. I expect they did it quickly.*
Unutmuştur.	*She must have forgotten.*

Journalistic past tense

You will also hear these endings in official announcements or in news reports. In these situations they are simply official-sounding equivalents of the past tense. For example:

Ankara treni üçüncü perona gelmiştir.	*The Ankara train has arrived at platform three.*
Dükkanımızda yaz sezonu başlamıştır.	*In this store, the summer season has now started.*

5 More verb endings

You can add the following endings to verb stems:

-ince	*on ...-ing, when*
-dikten sonra	*after ...-ing*

For example:

İstanbul'a gelince doğru otelimize gittik.	*On arriving in Istanbul, we went straight to our hotel.*

Beni görünce güldü	He smiled when he saw me.
Yemeğini yedikten sonra uyudu.	She fell asleep after eating her meal.
Yarım saat bekledikten sonra eve döndüm.	After waiting half an hour I went home.

You can add this ending to the *he* form of the -r present tense:

| -ken | *whilst ...-ing.* |

For example:

| Temizlerken kafamı çarptım. | *Whilst cleaning I banged my head.* |
| Çalışırken radyo dinliyor. | *He's listening to the radio whilst working.* |

You can add the following endings to the short infinitive of verbs:

| -den önce | *before ...-ing* |
| -den | *without ...-ing* |

For example:

Alışveriş yapmadan önce kütüphaneye gitti.	*Before doing the shopping, he went to the library.*
Gazeteyi okumadan önce kahvaltı yaptı.	*She had breakfast before reading the paper.*
Alışveriş yapmadan kütüphaneye gitti.	*Without doing the shopping, he went to the library.*
Gazeteyi okumadan kahvaltı yaptı.	*She had breakfast without reading the paper.*

Harry Sally'le Tanışınca...
"When Harry met Sally..."

6 *-lemek* and *-leşmek* endings

In English verbs can be made from other parts of speech by adding -ify or -ize to the end (for example, intense – intensify, modern – modernize). Turkish has similar endings.

Here are some verbs formed using the ending -**lemek**:

Noun, adjective or adverb		Verb	
temiz	*clean*	temiz**lemek**	*to clean*
hesap	*bill, invoice*	hesap**lamak**	*to calculate*
üf	*(blowing sound)*	üf**lemek**	*to blow, to make a blowing noise*
parça	*piece*	parça**lamak**	*to break into pieces*
hazır	*ready*	hazır**lamak**	*to prepare, to make ready*
saçma	*nonsense, rubbish*	saçma**lamak**	*to talk nonsense*
tekrar	*again*	tekrar**lamak**	*to repeat*
fırça	*brush*	fırça**lamak**	*to brush*
zayıf	*slim*	zayıf**lamak**	*to lose weight*

Note how most of these verbs have the idea of *making*.

Here are some verbs formed using the ending -**leşmek**:

Noun, adjective or adverb		Verb	
iyi	*good*	iyi**leşmek**	*to get better*
bir	*one*	bir**leşmek**	*to unite, to come together*
yer	*place*	yer**leşmek**	*to settle, to fit in*
uzak	*far*	uzak**laşmak**	*to go away*
Avrupalı	*European*	Avrupalı**laşmak**	*to 'Europeanize', to become European*

Note how these verbs have the idea of *becoming*.

Exercises

1 Aylin spoke to her sister on the phone. This is what her sister said:

> 'Şimdi televizyon seyrediyorum.'
> 'Dün gece saat ikiye kadar diskotekteydik.'
> 'İşim çok fena. Bırakmayı düşünüyorum.'
> 'Bayram için Ali'nin ailesindeydik.'
> 'Annemin hediyesini sevmedim. Hiç giymeyeceğim.'
> 'Yeni bir bilgisayar aldık.'
> 'Sizleri özledim.'

This is what Aylin told her mother about the conversation:

'Şimdi televizyon seyrediyormuş, dün gece de evde kalmış. İşi fena değilmiş. Bayramda Ali'nin ailesine gitmişler. Senin hediyeni çok beğenmiş. Yeni bilgisayar almışlar. Bizi özlemiş.'

How many lies did she tell?

2 In the first column below are some requests for approval. In the second column are possible replies. For each request choose the most likely reply.

a	Doğru söylemiş miyim?	i	Bilmem. Tadına bakayım.
b	Fazla tuz koymamışım, değil mi?	ii	Hayır. Bence çok koyu. Daha açık olmalı.
c	İyi seçmiş miyim?	iii	Merak etmeyin. İyi yapmışsınız.
d	Rengi güzel miymiş?	iv	Bence doğru değil. Gelecekte susarsan daha iyi olur.
e	Saçlarım böyle yakışmış mı?		
f	Yanlış mı yapmışım?	v	Vermişsin. Rejimini bırakabilirsin artık.
g	Yeterince kilo vermiş miyim?		
		vi	Evet. Babam bu hediyeyi çok sever.
		vii	Evet ama daha uzun olunca daha yakışıyor.

fazla	*too much*
seçmek	*to choose*
yakışmak	*to be attractive*
yeterince	*sufficient, enough*
koyu	*dark*
açık	*light*
gelecekte	*in the future*
rejim	*diet*
tada bakmak	*to taste, to sample*
merak etmek	*to worry*

3 Fill in the gaps in the text below with the endings **-ince**, **-ken**, **-meden** or **-dikten**. Make changes to the preceding verb stem where necessary.

Yataktan kalk__**a**__ sonra doğru duşa girerim. Kahvaltı yap__**b**__ sonra evden çıkarım. Otobüse bin__**c**__ önce gazete alırım ve otobüste otur__d__ gazeteyi okurum. İş yerime gel__e__ bir kahve içerim. Sabahleyin çalış__f__ üç veya dört bardak çay içerim. Öğle yemeğimi ye__g__ sonra biraz dolaşırım. Dolaş__h__ öğleden sonraki işimi planlarım. Akşam işten çık__i__ önce çalışma masamı toplarım. Eve git__j__ akşam gazetesini okurum.

4 Match items from the two columns below to make the eight most meaningful sentences.

a Çocuğumuz uyanınca
b Bozuk paranızı alınca
c Düdük sesini duyunca
d Hava güneşli olunca
e Param olmayınca
f Sen saat altıda eve dönmeyince
g Işıklara gelince

h Şef odaya girince

i işçiler sustu.
ii ayın sonunu dört gözle bekliyorum.
iii bağırmaya başlıyor.
iv lütfen kontrol ediniz.
v mesajınızı bırakın.
vi sağa sapın.
vii sensiz akşam yemeğimizi yedik.
viii yürümeyi seviyorum.

uyanmak	*to wake up*
düdük	*beep*
ses	*sound, voice*
dört gözle beklemek	*to look forward to*
bağırmak	*to cry out, to shout*

5 There are many tales of Nasreddin Hoca, a witty old man who deals sharply with scroungers. Fill in the gaps in the story below using this list of verbs.

çalmış   demiş   vermiş   başlamış

Günün birinde, Nasreddin Hoca'nın kapısını, komşularından biri ___a___:
– Hoca efendi, ___b___: Acele bir işim çıktı. Bana eşeğini verir misin?
Nasreddin Hoca, komşunun bu isteğine, olumsuz cevap ___c___:
– Eşek burada yok. Senden önce başkası aldı, ___d___.
Fakat, tam bu sırada ahırda olan eşek, anırmaya ___e___.
Komşusu, eşeğin sesini duyunca:
– Fakat Hoca, eşek burada, ___f___.
Nasreddin Hoca, gülerek cevap ___g___:
– Aşkolsun komşu, bana mı yoksa eşeğe mi inanıyorsun? ...

günün birinde	one day
komşu	neighbour
komşularından biri	one of his neighbours
acele bir işim çıktı	urgent business has cropped up
eşek	donkey
istek	request
olumsuz	negative
başkası	someone else
fakat	however
tam bu sırada	just at that moment
ahır	stable
anırmak	to bray
aşkolsun	shame on you
yoksa	or else

6 Below is a note which Serpil has left for her husband. All the verbs have been removed and are listed below. There are no clues as to where they have come from. Rewrite the note, reinserting the verbs in the correct positions. Do not alter the order of the existing words.

alacaksın   etti   geliyormuş   gidiyorum
gitmeden   kalacakmış   olacakmış   topla
yiyeceğiz

> *Öğleden sonra annem telefon. Bu akşam otobüsle. Üç gün bizimle. Otogardan. Varan şirketinin ofisinde saat yedi buçukta. Ben çarşıya. Akşam yemeğimizi annemle beraber. Önce lütfen evi biraz.*
>
> *Serpil*

| toplamak | to tidy up | ile beraber | together with |
| şirket | company | | |

7 Place these words in the correct order, beginning with **Ocak**.

Ağustos Aralık Eylül Ekim Haziran Kasım Mart
Mayıs Nisan Ocak Şubat Temmuz

▶ *Konuşma* Dialogue 2

Later that day, the director of the travel agency telephones Elif
Çelik.

Elif	Alo?
Müdür	Günaydın. Elif Çelik'le konuşmak istiyorum.
Elif	Buyurun. Benim.
Müdür	Günaydın Elif Hanım. Benim adım Fikret Bozkurt. Bozkurt-Tur'un müdürüyüm. Bugünkü şikâyetlerinizi öğrendim. İlk önce çok özür dilemek istiyorum. Sonra, size bir teklifim var.
Elif	Evet, sizi dinliyorum.
Müdür	Genellikle müşterimiz yanlış bir tatil seçerse hiçbir şey yapamıyoruz. Bu seferlik size özel bir şey yaparız. Size dört gün Marmaris'te beş yıldızlı bir otelde kalmayı teklif ediyoruz. Tam pansiyon. Ne dersiniz?
Elif	Bilmiyorum. Yolu uzak. Zaten bir kere gidip geldik.
Müdür	Beş yıldızlı bir otel. Pişman olmazsınız. Bakın, ailenizle konuşup bana telefon edin. Bürodayım. Beklerim. Tamam mı?
Elif	Tamam ama...
Müdür	Telefonunuzu bekliyorum. İyi akşamlar Elif Hanım.
Elif	İyi akşamlar.

ilk önce	*first of all*
özür dilemek	*to apologize*
teklif	*offer*
müşteri	*customer*
bu seferlik	*just this once*
özel	*special*
teklif etmek	*to offer*
zaten	*anyhow, in any case*
gidip geldik	*we went and then came back*
konuşup, telefon edin	*talk and then phone me*

12

aradığınız numara yanlıştır

the number you have dialled is incorrect

In this unit you will learn how to
- make official announcements
- make sentences with the equivalent of *which* or *that*

◘ *Konuşma* Dialogue

It is Şeker Bayramı. Nur and her husband Orhan live in Konya.
Nur is about to telephone her family in Bandırma.

Nur   Annemlere telefon edeyim. Sen de iyi bayramlar demek
             ister misin?
Orhan   Derim tabii.
Nur   Tamam.

Nur dials.

Telefon Sayın abonemiz. Bu bir teyp kaydıdır. Aradığınız numara
             yanlıştır. Lütfen kontrol edip, tekrar arayınız. Teşekkür
             ederim.

Nur puts the phone down.

Orhan   Meşgul mü?
Nur   Hayır. Yanlış aramışım.

Nur dials again.

Telefon Sayın abonemiz. Bandırma telefonları yedi rakam
             olmuştur. 2, 3, 4 ve 8 ile başlayan telefonların başına 71
             gelmiştir. Ayrıca 38 ile başlayan telefonların başına 73, 39
             ile başlayan telefonların başına 74 gelmiştir. Teşekkür
             ederiz.

Nur puts the phone down.

Orhan   Yine mi yanlış? Ben arayayım mı?
Nur   Hayır. Karışma. Numara değişmiş. (*Talking to herself as
             she dials* ...) Sıfır – iki – altmışaltı – yetmişüç – otuzsekiz
             – yirmibir – sıfır ...
Telefon Sayın abonemiz. Bu bir teyp kaydıdır. Bütün hatlarımız
             doludur. Lütfen bekleyip tekrar arayınız. Teşekkür ederim.

Nur slams the phone down.

Nur   Kahretsin!
Orhan   Yardım edeyim mi?
Nur   HAYIR!

bayram	*public holiday*
şeker	*sugar, sweets*
annemler	*my mother's family*
Sayın	*Dear*
abone	*subscriber*
teyp	*tape*

kayıt	*recording*
aradığınız numara	*the number you called*
yanlış	*wrong*
kontrol etmek	*to check*
kontrol edip, tekrar arayınız	*check, then call again*
rakam	*figure, digit*
2, 3, 4 ve 8 ile başlayan telefonları	*telephone numbers beginning with 2, 3, 4 and 8*
yedi rakam olmuştur	*have become seven-figure numbers*
baş	*head, start*
8 ile başlayan telefonların başına 71 gelmiştir	*71 has been put in front of telephone numbers beginning with 8*
ayrıca	*in addition, moreover*
yine	*again*
karışmak	*to interfere*
değişmek	*to change*
bütün	*all*
hat	*line*
bekleyip tekrar arayınız	*wait, then call again*
kahretsin	*damn!*

Questions

Doğru mu, yanlış mı?

1 Nur üç kere telefon etmeye çalışıyor.
2 Orhan yardım etmek istemiyor.
3 Nur'un ailesinin eski numarası 0266 38210. Yeni numarası 0266 7338210.
4 Nur huysuz.

ℹ The *Şeker Bayramı* holiday

This is a three-day holiday when people eat sweets to celebrate the end of the month-long fast of Ramazan. Its date changes according to the Muslim lunar calendar.

ℹ Official-sounding endings

Note how often the official-sounding **-dir** ending is used on the post office tape recordings. Note also the use of the **-miştir** verb ending which simply acts as an official version of the past tense.

⬛ -*mış* ending

Note how Nur uses the **-mış** ending to report what she has just learned.

⬛ Swearing

It is *very* difficult to know when and how to use swear words in a foreign language. You should avoid using any you might pick up or you could cause great upset. However, here are some of the common ones, which you will inevitably hear whilst watching TV dramas or films.

Eşek!	*Donkey! (Ba***rd!)*
Defol!	*Clear off! (P*** off!)*
Eşşoğlu eşek!	*Son of a donkey! (Ba***rd!)*
Kahretsin!	*May God crush you! (Damn!)*

Language points

1 -*dik* adjectives

Look at the following phrases:

(benim) sev*diğim* renk	*the colour **which I like**, the colour **which I liked***
(senin) tut*tuğun* kitap	*the book **which you're holding**, the book **which you held***
(onun) sür*düğü* araba	*the car **which he drives**, the car **which he drove***
(bizim) al*dığımız* ev	*the house **which we're buying**, the house **which we bought***
(sizin) ye*diğiniz* yemek	*the food **which you eat**, the food **which you ate***
onların yaz*dığı* mektup	*the letter **which they're writing**, the letter **which they wrote***

The words **sevdiğim, tuttuğun, sürdüğü, aldığımız, yediğiniz** and **yazdığı** are all adjectives. The idea of *which* sentences is something Turkish does in a completely different way to English. The English say *the colour which I like*, but in Turkish you say *my-liked colour*.

You use the ending **-dik** to create adjectives like those above, so we will call them **-dik** adjectives. To create them, follow these steps:

Action	Example
Take the stem of the verb.	ye
Add -**dik**.	ye**dik**
Add the possessed ending.	yediğ**im**

The examples above all show -**dik** adjectives created from verbs which add an -**i** ending to their objects. They are the equivalent of the English *which*.

You can also use -**dik** adjectives to mean *in which* or *at which*. In such cases they include the idea of the Turkish -**de** ending. For example:

oturduğum ev	*the house in which I live*
geldiğin saat	*the time at which you came*

They can also include the idea of the Turkish -**e** ending. In such cases, they mean *to which*. For example:

gittiği okul	*the school (which) he goes to*
bindiğimiz tren	*the train (which) we got onto*

-**dik** adjectives can also include the idea of the Turkish -**den** ending. In such cases they mean *from which*. For example:

geldiğiniz köy	*the village (which) you come from*
onların indiği araba	*the car (which) they got out of*

They can also include the idea of **ile**. In such cases they mean *with which*. For example:

konuştuğunuz çocuk	*the child (whom) you were talking with*
evlendiği erkek	*the man (whom) she married*

Note how -**dik** adjectives can refer either to the past or the present. Thus, you can translate **tuttuğunuz kitap** as either *the book you are holding* or *the book you held*. The meaning is usually clear from the context.

2 The difference between -*en* and -*dik* adjectives

Question: What is the difference between the -**dik** adjective made from a verb and the -**en** adjective made from the same verb? (See Unit 7, Language points.)

Answer: You use the **-en** form to describe the doer (the subject) of an action. You use the **-dik** form to describe the object of an action.

Look at these examples:

Beni seven kadın.	*The woman who loves me.*
Sevdiğim kadın.	*The woman whom I love.*

In the first sentence, it is the woman who is doing the loving. She is the subject. In the second sentence it is she who is being loved. She is the object.

In grammar books, the **-en** form is called the subject participle of a verb, and the **-dik** form is called the object participle. It is, however, easier to think of them as adjectives than as forms of a verb.

3 *-dik* nouns

Sometimes you can use a **-dik** adjective without the noun which it describes. So instead of saying: **yaptığın şeye bak** (*look at the thing you've done*) you can say **yaptığına bak** (*look at the thing you've done*).

Note how you take the **-e** ending from **şey** and add it to the end of **yaptığın**. Here, the **-dik** adjective is acting as if it were a noun. You can only do this when it is obvious what that missing noun is.

Here are some examples of **-dik** adjectives used as nouns:

Full sentence (*-dik* word acting as an adjective)	Short sentence (*-dik* word acting as a noun)
Aldığım şeyi istiyor musun?	Aldığımı istiyor musun?
Söylediğin şeye inanmıyorum.	Söylediğine inanmıyorum.
Yaptığın şeyden korkuyorum.	Yaptığından korkuyorum.
Gördüğümüz şeyden bahsetme!	Gördüğümüzden bahsetme!
Sevmediğiniz adamla konuşmayın!	Sevmediğinizle konuşmayın!
Onların getirdiği yemeği yemeyeceğim.	Onların getirdiğini yemeyeceğim.

You should note how, in all these examples, you take the **-i, -a,** or **-den** ending from the missing noun and add it to the **-dik** participle.

If the missing noun is in a plural form, you add that plural ending to the -**dik** participle too. For example:

Full form	Short form
Aldığım şeyleri istemiyor musun?	Aldıklarımı istemiyor musun?
Söylediğin şeylere inanmıyorum.	Söylediklerine inanmıyorum.
Sevmediğiniz insanlarla konuşmayın!	Sevmediklerinizle konuşmayın!

4 -*ecek* adjectives and nouns

To make a *which* sentence about the future you use an -**ecek** adjective. For example:

Oku*yacağım* kitap.	*The book which I'm going to read.*
Otur*acağımız* şehir.	*The town where you'll live.*

To make an adjective like this, follow these steps:

Action	Example
Take the stem of the verb.	git
Add -**ecek**.	gid**ecek**
Add the possessive ending.	gideceğ**im**

Here are some more examples where the -**ecek** forms act like adjectives:

gör*eceğ*iniz film	*the film which you'll see*
görmey*eceğ*iniz film	*the film which you won't see*

Like -**dik** forms, you can also use -**ecek** forms as nouns. Here are some examples:

Söyleyeceğine dikkat et.	*Be careful about what you're going to say.*
Bizim yapacağımızı merak etmeyin.	*Don't worry about what we're going to do.*
Alacaklarım bunlar.	*These are the ones which I'm going to buy.*

You use -**ecek** as the future equivalent of -**en** adjectives as well as -**dik** adjectives. So you use it for subjects as well as objects. For example:

Past form	Future form
Yapan bu. (*This is the person who did it.*)	Yapacak bu. (*This is the person who'll do it.*)
Yaptığı bu. (*This is the one he did.*)	Yapacağı bu. (*This is the one he'll do.*)
Gidenler kim? (*Who are the ones who went?*)	Gidecekler kim? (*Who are the ones who will go?*)
Gittiğim yerler güzel. (*The places I went to are nice.*)	Gideceğim yerler güzel. (*The places I'll go to are nice.*)

5 The -*ip* ending: a useful signal!

In English, instead of saying *Tonight I'm going to have a bath and I'm going to wash my hair*, you can say *Tonight I'm going to have a bath and wash my hair*. The second *I am going* is not necessary so we miss it out without losing the meaning.

In Turkish you can do something similar, but where you miss a bit out, you insert a signal to let people know you're skipping something. The signal is the ending **-ip**. Look at the following sentences:

> **Bu akşam banyo yapacağım ve saçlarımı yıkayacağım.**
> **Bu akşam banyo yapıp saçlarımı yıkayacağım.**

In the second sentence, the first **-acağım** has gone, and **-ip** is in its place. The **ve** is also missing.

Here are some more examples of **-ip** sentences:

Full sentence	Shortened version
Bakkala git ve bir kilo süt al!	Bakkala gid**ip** bir kilo süt al!
Annesine koştu ve onu öptü.	Annesine koş**up** onu öptü.
Oturuyorlar ve ders çalışıyorlar.	Otur**up** ders çalışıyorlar.
Bulaşık yıkamalıyım ve anneme telefon etmeliyim.	Bulaşık yıka**yıp** anneme telefon etmeliyim.
Sinemaya gidelim ve film seyredelim.	Sinemaya gid**ip** film seyredelim.
Pencereyi kapatır mısınız ve buraya gelir misiniz?	Pencereyi kapat**ıp** buraya gelir misiniz?

You should note that you cannot use the **-ip** verb form to shorten the following sentences:

Eve döneceğiz ve çalışacağım. *We'll go home and I'll work.*
Ali oyun oynuyor ve Hakan *Ali's playing a game and*
televizyon seyrediyor. *Hakan is watching television.*

Question: Why can't you?
Answer: In the first sentence, the verb forms are not the same. In the second sentence, it is not the same subject performing the two actions.

6 Making adjectives stronger

Turkish usually works by adding suffixes (endings) to words. There is one case where it works by adding prefixes (additions to the front) instead. This is when you want to make the meaning of adjectives more intense.

Here are some examples with approximate English translations:

Normal adjective		Intensified form	
kırmızı	*red*	kıpkırmızı	*bright red*
beyaz	*white*	bembeyaz	*white as snow*
mavi	*blue*	masmavi	*clear blue*
sarı	*yellow, blonde*	sapsarı	*pure blonde, yellow*
yeşil	*green*	yemyeşil	*as green as can be*
siyah	*black*	simsiyah	*pitch black*
kara	*dark*	kapkara	*dark as night*
temiz	*clean*	tertemiz	*squeaky clean*
boş	*empty*	bomboş	*completely empty*
düz	*straight*	dümdüz	*straight as a die*
başka	*different*	bambaşka	*completely different*
çıplak	*naked*	çırılçıplak	*stark naked*

Note how the first two letters of the prefixes repeat the first two letters of the original adjective.

Exercises

1 Translate these sentences into English

a En sevdiğimiz modeller bunlar.
b Ne yapacağımı bilmiyorum.
c Bana verdiğin haber hiç ilginç değil.

d İçtiğimiz şarabın ismi ne?
e Tanışacağınız adam bu firmanın müdürü.
f Dün yardım ettiğimiz kadın iyileşiyor şimdi.
g Ayşe'nin bahsettiği insanlar geldi.
h Vurduğun adam kim?
i Yarın orkestranın çalacağı parça Beethoven'ın beşinci senfonisi.
j Aşık olduğu kız onu sevmedi.

2 Fill in the gaps in the sentences below with an **-en** adjective, a **-dik** adjective or an **-ecek** adjective. Alter the verb stems as necessary.

a Benim eski otur_____ apartman çok kirliydi.
b Türklerin en çok sev_____ komedi sanatçısı Kemal Sunal.
c Bizim bin_____ otobüs beş dakika sonra kalkıyor.
d Senin geçen hafta gönder_____ mektubu almadım.
e Şimdi köprüden geç_____ otobüs bizim.
f Senin kır_____ vazo çok pahalı.
g Geçen hafta eşimin gönder_____ mektubu aldınız mı?
h Onların almak iste_____ araba satılık değildi.
i Restoranda yemek ye_____ insanları tanıyorum.
j Oğlumun çiz_____ resmi gösterir misiniz?

> **sanatçı** *artist, actor*   **çizmek** *to draw*

3 Read the following recipe for **humus**. Basing your answers on the context in which they appear in the recipe, match the list of verbs below to their correct English meanings.

> **Malzeme**
> 250 gr. nohut, yarım bardak tahin, 2 diş sarmısak, 2 çay kaşığı kimyon, 1 limon, 1 fincan zeytinyağı, kırmızı biber, tuz, maydanoz
>
> **Yapım**
> Nohutu ayıklayıp yıkadıktan sonra bir gece tuzlu suda bırakın. Ertesi gün suyunu süzüp, tekrar su koyarak nohutu pişirin. Kabuklarını çıkarıp püre haline getirin. Hazırladığınız püreye tahin, dövülmüş sarmısak, tuz, kimyon, kırmızı biber ve limon suyu katıp karıştırın.
>
> Servis tabağına alıp, üzerine kırmızı biberli yağı gezdirerek maydanozla süsleyip servis yapın.

a ayıklamak	i *to add*
b yıkamak	ii *to decorate*
c süzmek	iii *to mix*
d çıkarmak	iv *to pick over, to pick out the bad bits*
e katmak	v *to sieve*
f karıştırmak	vi *to sprinkle*
g gezdirmek	vii *to take off, to take out*
h süslemek	viii *to wash*

nohut	*chickpea*
tahin	*sesame oil*
sarmısak	*garlic*
kimyon	*cumin*
maydanoz	*parsley*
ertesi gün	*the following day*
kabuk	*skin, shell*
püre	*puree*
hal	*state, condition (formerly spelled **hâl**)*
dövülmüş	*crushed, beaten*
kaşık	*spoon*
üzeri	*outer surface*

4 Make these adjectives more 'intense' by filling in the gaps using prefixes.

a Onun kardeşi _____ başka.
b Kar _____ beyaz.
c Sinema _____ boş.
d Yol _____ düz.
e Pasaj _____ kara.

f Deniz _____ mavi.
g Saçların _____ sarı.
h Gözleri _____ siyah.
i Hava _____ temiz.
j Peyzaj _____ yeşil.

kar	*snow*	**peyzaj**	*landscape*
pasaj	*passage*		

5 Read this biography in order to discover the identity of X.

Varlıklı bir ailenin oğlu olan X, 16 Nisan 1889'da Londra'nın Kensington mahallesinde dünyaya geldi. Bir bariton olan babasını henüz yedi yaşındayken kaybetti. Daha sonra opera şarkıcısı olan annesi hastalanıp sürekli hastanede kalmaya başlayınca X ve kardeşi Sidney bir yetimhanede yaşamaya başladı. Yetimhaneden kaçmak için kardeşiyle birlikte aktör olmaya karar verdi ve bir tiyatro grubuna katıldı. Bu grupla birlikte Hollywood'a kadar gitti. Orada en iyi komedi filmlerinin yapımcısı Mack Sennet ile beş yıllık bir anlaşma yaptı. Şehir Işıkları ve Modern Zamanlar gibi filmlerde oynayan X sinema tarihinde çok özel bir yer kazandı.

varlıklı	*wealthy*
mahalle	*district*
bariton	*baritone*
hastalanmak	*to become ill*
henüz yedi yaşında	*by the time he was seven*
şarkıcı	*singer*
sürekli	*continuously*
yetimhane	*orphanage*
kaçmak	*to escape, run away*
-le birlikte	*together with*
yapımcı	*producer*
anlaşma	*contract, agreement*
tarih	*history*
kazanmak	*to win, to earn*
katılmak	*to join*

6 Shorten these sentences using the **-ip** verb ending.

a Çarşıya gidiyorum ve alışveriş yapıyorum.
b Bana mektup yazdı ve teşekkür etti.
c Lokantaya gidelim ve şiş kebabı yiyelim.
d Evde kalmalıyım ve ders çalışmalıyım.
e Saat beşte gelecekmiş ve tatil fotoğrafları getirecekmiş.
f Eve gitsin ve dinlensin.
g Susar mısınız ve oturur musunuz?
h Bu yolun sonuna kadar gidin ve sağa sapın.
i Başbakan Antalya'ya gitmiştir ve söylev vermiştir.

yolculuk	*journey*
rahatsız	*uncomfortable*
dinlenmek	*to relax*
başbakan	*prime minister*
söylev vermek	*to make a speech*

7 a Translate this sign.
b In what type of shop do you think the sign was hanging?

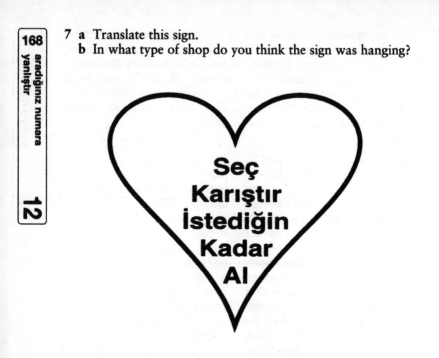

Seç
Karıştır
İstediğin
Kadar
Al

seçmek	*to choose*	**karıştırmak**	*to mix something*

▶ *Konuşma* Dialogue 2

On her fourth attempt, Nur manages to get through to her parents' house on the phone.

Nur' un babası	Alo?
Nur	Babacığım. İyi bayramlar!
Nur' un babası	Teşekkürler. Sana da iyi bayramlar yavrum! Nasılsın?
Nur	Teşekkürler. Ya sizler?
Nur' un babası	Biz hepimiz iyiyiz. Misafir var burada. Teyzen, anneannen, amcan, kızkardeşin. Çay içip sohbet ediyoruz.
Nur	Annem ne yapıyor?
Nur' un babası	Tahmin et.
Nur	Mutfakta galiba.

Nur' un babası	Evet. Akşam yemeğini pişiriyor. Biraz sonra çağırayım. Beş dakka önce Orhan ve senin hakkında konuşuyorduk burada. Kulaklarınız çınladı mı? Aramanızı bekliyorduk. Siz ne yapıyorsunuz?
Nur	Hiçbir şey yapmıyoruz şimdilik.
Nur' un babası	Orhan'la konuşabilir miyim?
Nur	Orhan evde değil. Biraz önce yürüyüşe çıktı ...

babacığım	daddy
yavrum	darling, dear, honey (literally my child)
misafir	guest
amca	uncle (on father's side)
sohbet etmek	to chat
tahmin etmek	to guess
galiba	probably
çağırmak	to call
dakka	short for **dakika**
Orhan ve senin hakkında	about you and Orhan
konuşuyorduk	we were talking
çınlamak	to ring
aramanızı bekliyorduk	we were waiting for you to call
şimdilik	for the moment, for now
hemen şimdi	just now, just
yürüyüşe çıkmak	to go out for a walk

13

ne olduğunu anlatır mısınız?

could you tell me what happened?

In this unit you will learn how to
- say what was happening
- say what had happened previously
- say what someone reported or heard about an event

▶ *Konuşma* Dialogue

Sally visits Turkey regularly and has studied the language at university. She is in Marmaris and her purse has disappeared. She has found a tourist policeman.

Sally Polis bey.
Polis Evet.
Sally Birisi cüzdanımı almış.
Polis Nerede, ne zaman?
Sally Plajda, biraz önce.
Polis Hırsızı gördünüz mü?
Sally Emin değilim.
Polis Peki, ne olduğunu anlatır mısınız?
Sally Ben denizde yüzüyordum. Yüzerken çantama sık sık bakıyordum çünkü plaja yalnız gelmiştim. Bir kere baktım ve genç bir erkek eşyalarımın yanında oturuyordu. Yüzmeye devam edip, bir dakika sonra yine baktım. Erkek yok olmuştu.
Polis Bu erkek mi cüzdanınızı aldı sizce?
Sally Bilmiyorum. Onu görünce korktum. Hemen denizden çıkıp, eşyalarıma döndüm, çantamı kontrol ettim. Cüzdanım yok olmuştu.
Polis Kumda aradınız mı?
Sally Aradım. Her tarafa baktım.
Polis Otelinize de baktınız mı?
Sally Otelde olamaz. Otelden çıktıktan sonra cüzdanımı kullandım. Bakkaldan bir şişe su aldım. Plaja yürürken paramı sayıyordum. Plaja gelince, parayı cüzdanın içine koyup, cüzdanı çantamın içine koydum.
Polis Sizi izleyen veya takip eden insan var mıydı?
Sally Farkında değilim.
Polis Tamam. Plajda oturan erkeği tarif edebilir misiniz?
Sally Mayoluydu. Bıyıksız. Kısa saçlı. Yirmi yaşlarında falan.
Polis Türk müydü, turist miydi?
Sally Yabancı mıydı, Türk müydü bilemiyorum. İkisi de olabilir.
Polis Tamam. Karakola gelirseniz bir rapor yazarız.

birisi	*someone*
hırsız	*thief*
ne olduğunu anlatır mısınız?	*would you explain what happened?*
yüzüyordum	*I was swimming*
gelmiştim	*I had come*
eşyalar	*things, belongings*

yok olmak	to disappear
yok olmuştu	he had disappeared
kum	sand
sayıyordum	I was counting
izlemek	to follow (with your eyes)
takip etmek	to follow, pursue
farkında değilim	I didn't notice
tarif etmek	to describe
bıyık	moustache
kısa saçlı	short-haired
yirmi yaşlarında	in his twenties
yabancı mıydı, Türk müydü	I don't know whether he was
bilemiyorum	English or Turkish
ikisi	both
karakol	police station

Questions

1 Sally polise neden gidiyor?
2 Sally denizde yüzerken ne gördü?
3 Sally'nin cüzdanı niçin otelinde olamaz?
4 Sally plajda oturan erkeğin Türk olduğunu söyleyebiliyor mu?

❗ *Bilemiyorum*: 'I cannot tell'

Note how Sally uses the *cannot* form of **bilmek**. This is a very Turkish way of saying you don't know or can't tell.

Language points

1 What was happening

You know the Turkish present continuous tense (**yapıyorum** – *I am doing*). To make the past continuous tense (**yapıyordum** – *I was doing*), follow these steps:

Action	Example
Take the present continuous form	içiyorsunuz
Remove the personal ending	içiyor
Add the past form of the verb *to be*.	içiyor**dunuz**

Here are some examples:

Saat sekizde ne yapıyordun? *What were you doing at eight o'clock?*
Ders çalışıyordum *I was studying.*

2 What had happened

The **-mişti** tense of a verb has nothing to do with the **-miş** tense. It does *not* mean *apparently* or *reportedly*. Instead, it is the equivalent of saying *had done* in English. Here are some examples:

Merhaba demedi çünkü *He didn't say hello because I*
önceki gün şikayet *had complained the day*
etmiştim. *before.*
Eve geldiğim zaman sen *When I came home you had*
gitmiştin. *gone.*
Çok yanlış yapmıştı. Yardım *He had made lots of mistakes.*
etmeliydim. *I had to help him.*
İlk defa İspanya'da paella *I ate paella for the first time*
yedim, daha önce hiç *in Spain. I'd never eaten it*
yememiştim. *before.*
Ne yapacağımı bilemedim *I didn't know what to do*
çünkü geldiğimde *because when I arrived*
gitmişlerdi *they'd gone.*

Grammar books call this the past perfect tense.

3 Reporting events using *-dik* or *-ecek* nouns

In order to say *I said I was fine*, in Turkish you say *fine my-being I said* – **iyi olduğumu söyledim**. To do this, you use the past or future participles (**-dik** or **-ecek** adjectives) as nouns. Look at the following examples:

Hasta olduğumu kim söyledi? *Who said that I was ill?*
Senin bunu söyleyeceğini *I guessed you would say that.*
tahmin ettim.
Babamın geleceğini siz mi *Did you say that my father*
söylediniz? *will come?*
Yardım etmeyeceğimizi *They understand that we*
anlıyorlar. *won't help.*
Berkant'la evlendiğinizi *We heard that you got*
öğrendik. *married to Berkant.*
Onların boşanacağını *I don't reckon they'll get*
sanmam. *divorced.*

4 Combining -dik or -ecek nouns with için, etc.

Combining the past and future participles with certain other words produces particular meanings. Here are some such combinations (the participles are represented by -diği):

-diği gibi	*just as*
-diği halde	*although*
-diği için	*due to*
-diği kadar	*as far as*
-diği zaman	*when*
-diğinde	*when*
-diğinden başka	*apart from*

Here are some examples:

Bildiğim kadar iyiler	*As far as I know, they're fine.*
Onu öpmeye çalışmadığın için sana kızdı.	*She got annoyed with you because you didn't try to kiss her.*
İstasyona geldiğim zaman nerede olacaksın?	*When I arrive at the station where will you be?*
Sık sık duş yaptığımda kendimi iyi hissediyorum.	*I feel good when I shower often.*
Fakir olduğu halde hayatından memnun.	*Although he's poor he's very content.*
Bizim onların evine gideceğimizden başka hiçbir şeyden haberim yok.	*I've heard nothing apart from the fact that we'll be going to their house.*
Söylediği gibi beklememiz lazım.	*As he said, we'll have to wait.*

5 The difference between -dik or -ecek nouns and the short infinitive

As a rule of thumb, if you want to talk about a *specific* event that actually happened or will happen, use the -dik or -ecek nouns. If you are talking about the *concept* of doing something or the *way* of doing it, use the short infinitive. For example:

Şarkı söylediğiniz doğru mu?	*Is it true that you sing?*
Şarkı söylemeniz doğru mu?	*Is your singing the right thing to do?*
Hakan'ın eve gittiğini söylediler.	*They said that Hakan had gone home.*
Hakan'ın eve gitmesini söylediler.	*They told Hakan to go home.*

You should note that sometimes the short infinitive has a particular meaning, for example:

Araba kullandığını öğrendim.	*I learned that he drives/ that you drive.*
Araba kullanmasını öğrendim.	*I learned to drive.*

The short infinitive can sometimes refer *either* to the way in which something is done *or* to a specific event. For example:

Bağırdığınız kötü oldu.	*The fact that you shouted is bad.*
Bağırmanız kötü oldu.	*The fact that you shouted is bad.* or *The way in which you shouted was bad.*
Bağıracağınızdan korkuyorum.	*I'm afraid that you will shout.*
Bağırmanızdan korkuyorum.	*I'm afraid that you will shout.* or *The way you shout frightens me.*

6 Building nouns with -*iş*

Turkish makes some nouns by adding -iş onto the stem of a verb. Here are some examples:

Verb		Noun	
kalkmak	*to leave*	kalkış	*departure*
çıkmak	*to exit*	çıkış	*exit*
girmek	*to enter*	giriş	*entry*
kullanmak	*to use*	kullanış	*usage*
uçmak	*to fly*	uçuş	*flight*
yürümek	*to walk*	yürüyüş	*a walk, a stroll*
almak, vermek	*to take, to give*	alışveriş	*shopping*
gitmek, dönmek	*to go, to return*	gidiş-dönüş	*round trip*

7 Expressions with *var* and *yok*

Here are some special phrases using **var** and **yok**:

Bir varmış bir yokmuş ...	*Once upon a time ...*
Ne var?	*What's up? What's the matter?*
Ne var ne yok?	*What's new?*
var etmek	*to create, to cause there to be*
yok etmek	*to get rid of*
var olmak	*to exist*
yok olmak	*to disappear*

Exercises

1 A murder has taken place in an hotel. The following day, suspects have been asked what they were doing at the time of the murder. Match the suspects to their replies. Then say who you think did it.

a Resepsiyon memuru
b Taksi şoförü
c Genel müdür
d Aşçı
e Bulaşıkçı
f Garson
g Kasadar
h Barmen

i Arabada teyp dinleyerek müşteri bekliyordum.
ii Bir misafirle barda oturuyordum.
iii Son misafirlerimizin hesabını hazırlıyordum.
iv Kokteyl yapıp birkaç misafire ve müdürümüze servis yapıyordum.
v Resepsiyonda oturup bir arkadaşla telefonda konuşuyordum.
vi Yemek pişirmeyi bitirmiştim. Bulaşıkçıyla kart oynuyordum.
vii Bulaşık yıkıyordum tabii.
viii Son misafirlerimizin yemeği bitirmelerini bekliyordum.

kasadar	*cashier*
aşçı	*cook*
bulaşık	*dirty dishes, the washing up*

2 Read the following reports of what someone else said. Fill in the gaps with the words that were originally spoken. The first one has been done for you.

a Satıcı çantanın deri olduğunu söyledi.
   Satıcı 'Bu çanta deri' dedi.
b Ali, Fikret'in üniversiteye gideceğini söyledi.
   Ali '_____' dedi.
c Kız yemeğin yağlı olmasından şikayet etti.
   Kız '_____' dedi.
d Arkadaşım, Gül'ün beni deli gibi sevdiğini söyledi.
   Arkadaşım '_____'dedi.
e Televizyonda spiker ısının otuz derece olacağını haber verdi.
   Televizonda spiker '_____' dedi.
f Eşim yarın işinin olacağını söyledi.
   Eşim '_____' dedi.
g Arkadaşlarım onların dün partiye gittiğini söylediler.
   Arkadaşlarım '_____' dediler.

| ısı | temperature | | parti | party |

3 Match items from the two columns below to make meaningful sentences.

a Futbol oynayamadın   i çünkü oyun başlamıştı.
b Ödeyemedim   ii çünkü yarım saat geç gelmişlerdi.
c Şefi onlara kızdı   iii çünkü kaybolmuştuk.
d Girmek istemedik   iv çünkü cüzdanımı evde bırakmıştım.
e Yolu sormamız gerekiyordu   v çünkü bacağını kırmıştın.

4 Below are descriptions of personalities born under different star signs. Choose the one which best matches yourself. Then check whether you have chosen the right sign by looking in the key.

a Cesaretli, bazen saldırgan, aşırı giden, kıskanç, heyecanlı. Çok dindar olabilir.
b Konuşkan, kendinden emin, neşeli. Spor ve seyahat ile ilgili. Tehlikeli yaşar.
c Tedbirli, kibar, ciddi, girgin ama utangaç. Ev, politika ve insanlar ile ilgili.
d Toleranslı, girgin ama değişken. Spor ve politika ile ilgili. Bazıları çok çok akıllı bazıları deli.
e Hassas, duygulu, yaratıcı, artistik, karamsar. Kendisi ile ilgili.
f Enerjik, despot, dost, cömert, hassas, artistik. Huysuz olabilir.
g Çalışkan, sakin, dost. İş, para, arkadaşlar ve aile ile ilgili.
h Akıllı, esprili, çok konuşkan, kaprisli. Kitaplar, insanlar ve fikirler ile ilgili.
i Komik, tedbirli, endişeli, utangaç. Tarih ile ilgili. Genelde mutlu.
j Kibirli, despot, bağımsız, heyecanlı, cömert. Ya çok düzenli ya da çok düzensiz.
k Pratik, dakik, çalışkan. Doğa ile ilgili.
l Despot, bazen enerjik bazen tembel, sempatik, tartışmacı. Spor ve hayvanlar ile ilgili.

cesaretli	brave
saldırgan	aggressive
aşırı	extreme
kıskanç	jealous

heyecanlı	*excitable, passionate*
dindar	*religious*
konuşkan	*talkative*
kendinden emin	*self-confident*
neşeli	*cheerful*
seyahat	*journey, travel*
. . . ile ilgili	*interested in . . .*
tehlikeli	*dangerous*
yaşamak	*to live*
tedbirli	*cautious*
kibar	*polite*
ciddi	*serious*
bazılar(ı)	*some (of them)*
girgin	*sociable*
utangaç	*shy*
deli	*mad, crazy*
hassas	*sensitive*
duygulu	*emotional*
toleranslı	*tolerant*
değişken	*changeable*
yaratıcı	*creative*
karamsar	*pessimistic*
enerjik	*energetic*
despot	*despot, despotic*
dost	*friend, friendly*
cömert	*generous*
huysuz	*bad-tempered*
çalışkan	*hard-working*
sakin	*quiet, calm*
esprili	*witty*
kaprisli	*capricious, changeable*
endişeli	*anxious, worried, concerned*
genelde	*generally*
kibirli	*proud, arrogant*
bağımsız	*independent*
düzenli	*tidy*
dakik	*punctual*
doğa	*nature*
tartışmacı	*argumentative*
samimi	*genuine, sincere*
tembel	*lazy*
sempatik	*likeable*

5 A man has lost his memory in an accident. A nurse is trying to get him to remember who he is. Fill in the gaps by adding endings to the verb stems provided.

Hemşire Adınız ne?
Hasta Adımın ne ol____**a**____bilmiyorum.
Hemşire Nerede oturuyorsunuz?
Hasta Nerede otur____**b**____hatırlayamıyorum.
Hemşire Ne iş yapıyorsunuz?
Hasta Ne iş yap____**c**____bilmiyorum.
Hemşire Size ne olduğunu biliyor musunuz?
Hasta Araba sür____**d**____ başka bir şey hatırlayamıyorum.
Hemşire Kaza ol____**e**____ hatırlıyor musunuz? Hafızanızı kaybettiniz. Merak etmeyin. Tekrar kazanacaksınız.

> **hemşire** *nurse*   **hafıza** *memory*

---

6 Fill in the gaps in the sentences below using **halde, gibi, için, kadar, -da, zaman** or **-dan başka**.

a Çok çalıştığı _____ sınavda kaldı.
b Çok çalıştığı _____ sınavı geçti.
c Durumu söylediğiniz _____ fena değil. Daha iyidir.
d İstediğiniz _____ yaşayın.
e Şimdi aldığımız _____ yiyecek bir şey var mı?
f Güldüğün _____ sana yakışıyor.

> **sınavda kaldmak**   *to fail the/an exam*

---

7 Match these descriptions of people to the relevant pictures.

a Dalgalı saçlı, genç, ince, mavi gözlü, çirkin.
b Yakışıklı, yirmi yaşlarında, koyu tenli, saçsız ve bıyıksız.
c Çok kısa saçlı, esmer, gözlüklü, sakallı, yaşlı ve şişman.
d Otuz yaşlarında, uzun ve düz saçlı, kahverengi gözlü, esmer ve güzel.

dalga	*wave*
ince	*slim*
çirkin	*ugly*
yakışıklı	*handsome*
koyu tenli	*dark-skinned, black*
bıyıksız	*clean-shaven, without a moustache*
kel	*bald*
esmer	*olive-skinned*
sakallı	*bearded*
yaşlı	*elderly, old*

8 What does this sign mean?

HER ALACAĞINIZ
ŞARABIN TADINA
BAKIP DA
ALINIZ...

| **tada bakmak** | *to sample, to have a taste of* |

▶ *Konuşma* Dialogue 2

Later that day, the policeman comes to Sally's hotel. He hands her a purse.

Polis Bayan Smith. Bu sizin mi acaba?

Sally Ah! Benim. Para duruyor mu?

Polis Paranız hâlâ içinde.

Sally Allaha şükür. Nerede buldunuz?

Polis Plajda, sahil yolunun yanında. Plaja yürürken düşürmüşsünüz galiba. İki çocuk bulup, karakola getirmişler.

Sally Çocuklar kimler?

Polis Kim olduklarını bilmiyorum.

Sally Ne yazık. Onlara teşekkür etmek istiyorum. Size de çok teşekkür ederim.

Polis Rica ederim. Ama daha dikkatli olmalısınız. Bundan sonra paranızı plaja götürmezseniz daha iyi olur.

Sally Tamam.

Polis Haydi iyi günler efendim.

Sally İyi günler.

durmak	to stay, stop, remain
Allaha şükür	thank God
sahil	coast
sahil yolu	sea front, coast road
düşürmek	to drop
galiba	most probably, presumably
düşürmüşsünüz	apparently you dropped it
dikkatli	careful
bundan sonra	from now on
götürmek	to take
haydi	the same as **hadi**

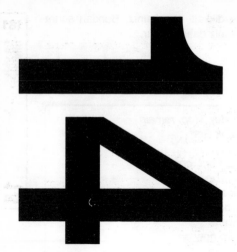

14

güldürme beni!
don't make me laugh!

In this unit you will learn how to
- express surprise
- say what used to happen
- talk about having things done
- say when, where and how something happened

▶ *Konuşma* Dialogue

Pelin and Selma are old schoolfriends who bump into each other in the street.

Pelin Selma! Nasılsın?

Selma Pelin! Teşekkürler. Sen nasılsın?

Pelin Sağol. Allah Allah. Bu ne sürpriz!

Selma Ben de çok şaşırdım! Çok iyi görünüyorsun.

Pelin Sen de. Kaç senedir görüşemedik?

Selma Sekiz dokuz sene olmalı. Okulu bitirdiğimizden beri.

Pelin Eh, okulda çok iyi arkadaştık, değil mi?

Selma Evet, beraber çok iyi zaman geçirdik. Hâlâ voleybol oynuyor musun?

Pelin Güldürme beni. O eskidendi.

Selma Ne yapıyorsun şimdi? Çalışıyor musun?

Pelin Ev hanımıyım. Altı senedir evliyim.

Selma Ev hanımı! Şaka mı ediyorsun? Sen 'hiç evlenmeyeceğim' derdin. Çok iyi hatırlıyorum.

Pelin Hatırlatma bana. İnsanlar değişir. Sen ne iş yapıyorsun?

Selma Öğretmen olarak çalışıyorum.

Pelin İnanmıyorum! Sahi mi? Hayret bir şey! Okuldan nefret ederdin. Öğretmenlerden de!

Selma Doğru. Söylediğin gibi insanlar değişir.

Pelin Hem de nasıl! Acelen var mı? Bir yerde oturup kahve içelim mi? Konuşacağımız çok şey var. Sana bir şey itiraf etmek istiyorum.

Selma Hadi içelim.

ne sürpriz	*what a surprise*
şaşırmak	*to be confused, to be amazed*
şaşırdım	*I'm amazed*
görünmek	*to look, to appear*
görüşmek	*to see one another*
kaç senedir görüşemedik?	*how long is it since we saw each other?*
sekiz dokuz	*eight or nine*
bitirmek	*to finish (something)*
bitirdiğimizden beri	*since we finished*
zaman geçirmek	*to spend time*
voleybol	*volleyball*
eskiden	*in the past, in the old days*
güldürmek	*to make someone laugh*
ev hanımı	*housewife*

şaka etmek	to joke
derdin	you used to say
hatırlamak	to remember
-e hatırlatmak	to remind someone
sahi mi?	really?
hayret	surprise, surprising
nefret ederdin	you used to hate
hem de nasıl!	and how!
konuşacağımız çok şey var	we have a lot of things to talk about
itiraf etmek	to confess

Questions

Doğru mu, yanlış mı?

1 Okuldayken Pelin voleybol oynardı.
2 Selma ile Pelin senelerdir görüşemediler.
3 Şimdi ikisi çalışıyorlar.
4 Kafeteryada oturup eski zamanlardan bahsedecekler.

ℹ️ Word order

Note the word order in **güldürme beni**. The rule is that the verb comes at the end of the sentence, but here the speakers break that rule. As stated earlier in this book, word order in Turkish is more flexible than in English, and you will often hear sentences like this.

ℹ️ Negative -*ebil* form

Note the negative **-ebil** form of **görüşmek** in **kaç senedir görüşemedik?** The use of **-ebil** suggests that it was due to circumstance that they did not see each other. If Pelin had asked **kaç senedir görüşmedik** it would imply that they did not see each other on purpose.

Language points

1 Saying what used to happen

The Turkish for *I used to do* is **yapardım**. To make the *used to* form of verbs, follow these steps:

Action	Example
Take the simple present form of the verb.	içersiniz
Remove the personal ending.	içer
Add the past form of the verb *to be*.	içer**diniz**

Here are some more examples:

Araba sür**erdim**.	*I used to drive.*
Pazar günü gel**irdin**.	*You used to come on Sunday.*
Futbol seyred**erdi**.	*He used to watch football.*
Beraber yür**ürdük**.	*We used to walk together.*
Önümde otur**urdunuz**.	*You used to sit in front of me.*
Çok çalış**ırdılar** or Çok çalış**ırlardı**.	*They used to work a lot.*

Here are some examples in the negative:

Araba sür**mezdim**.	*I didn't use to drive.*
Futbol oyna**mazdın**.	*You didn't use to play football.*
Denizde yüz**mezdi**.	*He didn't use to swim in the sea.*
Birbirimizi beğen**mezdik**.	*We didn't use to like each other.*
Şikayet et**mezdiniz**.	*You didn't use to complain.*
Sev**mezdiler** or Sev**mezlerdi**.	*They didn't use to like it.*

2 Causing things to happen

Actions can happen or they can be made to happen. When you make them happen, you cause them. In Turkish, there are endings you can put on verb stems which give the idea of 'causing'. These endings are either **-dir**, **-t**, **-it**, **-ert**, **-ir**, or **-er**. The most common one is **-dir**.

Here are some 'causing' verbs formed with **-dir**:

Normal form of verb		Causing form of the verb	
ölmek	*to die*	öldürmek	*to kill, to cause someone to die*
yemek	*to eat*	yedirmek	*to feed*
gülmek	*to smile*	güldürmek	*to make someone smile*

bilmek	to know	bildirmek	to inform, announce
çalışmak	to work	çalıştırmak	to make (a machine) work
saçları kesmek	to cut hair	saçları kestirmek	to have a haircut

Saçlarımı kestiriyorum.
I'm having my hair cut.

Here are some 'causing' verbs formed with **-t** or **-it:**

hatırlamak	to remember	hatırlatmak	to remind
anlamak	to understand	anlatmak	to explain
büyümek	to grow	büyütmek	to bring up, to rear
soğumak	to get cool	soğutmak	to make cool, to alienate
korkmak	to be afraid	korkutmak	to scare, to make afraid

Here are some 'causing' verbs formed with **-ir:**

düşmek	to fall	düşürmek	to drop
içmek	to drink	içirmek	to make someone drink
doğmak	to be born	doğurmak	to give birth to
kaçmak	to flee, to get away	kaçırmak	to let get away, to miss (a vehicle, an event)

Here are some formed with **-ert** or **-er:**

| çıkmak | to come/go out | çıkarmak or çıkartmak | to bring/take out, to take off (clothes) |
| gitmek | to go | gidermek or gidertmek | to remove, to get rid of |

To make the causing form from a normal verb, there are no real rules which you can apply except:

- you use **-t** if the verb stem has more than one syllable and ends with an **r**, an **l** or a vowel.

Grammar books usually refer to causing forms as causatives.

SEVGiLi BALIKESiR'Li
UYGAR İNSAN
GÜRÜLTÜ ÇIKARTMAZ

Gürültünün Cezası 2.250.000 TL.

ÇEVRE İL MÜDÜRLÜĞÜ

3 Stopping something or just stopping?

Look at the following sentences:

Durdum.	*I stopped.*
Arabayı dur*dur***dum.**	*I stopped the car.*

In English the verb is the same. In Turkish, one is the normal verb **durmak**, whilst the other is the causative form **durdurmak**.

When you want to translate the verb *stop* from English into Turkish, you have to decide:

- is the stopper just stopping herself (**durmak**)?
- is she stopping somone or something else (**durdurmak**)?

Here are some similar examples:

Uyan!	*Wake up!*
Uyan*dır* **onu!**	*Wake him up!*
Büyüyorlar.	*They're growing up.*
Çiçekleri büyü*t***üyorlar.**	*They're growing flowers.*

Tavuk pişiyor.	*The chicken is cooking.*
Tavuğu pişiriyor.	*He's cooking the chicken.*
Zaman geçiyor.	*Time is passing.*
Zamanı plajda geçiriyoruz.	*We're passing time on the beach.*
Değiştiniz.	*You've changed.*
Saçlarınızı değiştirdiniz.	*You've changed your hair.*
Çubuk koptu.	*The stick snapped.*
Çubuğu kopardım.	*I snapped the stick.*

Note how the causing verbs always have a definite object. In grammar books, verbs which have definite objects are called transitive verbs. Those which can't have definite objects are called intransitive verbs.

In Turkish, when the normal form of a verb is intransitive (for example, **değişmek**), the transitive form of it is often the causative form (**değiştirmek**).

4 'Each other'

Birbiri means *each other*. The *we* form is **birbirimiz**, the *you* form is **birbiriniz** and the *they* form is **birbirleri**. Here are some examples:

Birbirimizi seviyoruz.	*We love each other.*
Birbirimize aşığız.	*We are in love with each other.*
Birbirimizden nefret ediyoruz.	*We hate each other.*

Birbirimizle oynarız.	*We play with each other.*
Birbirinize yardım edin!	*Help each other!*
Birbirlerinden korkuyorlar.	*They are afraid of each other.*
Birbirlerinin çocuklarına bakıyorlar.	*They look after each other's children.*

Note how **birbiri** is always the object, or part of the object, of a sentence.

The -*iş* form of verbs

When you see **-iş** or one of its variants after the stem of a verb, it also means *each other*.

Here are some examples:

Yarın görüşürüz.	*We'll see each other tomorrow.*
Bakışıp aşık oldular.	*They looked at each other and fell in love.*
Öpüştünüz mü?	*Did you kiss (each other)?*

Sometimes the -**iş** form of a verb has a meaning beyond just *each other*, for example:

Normal form of verb		-*iş* form of the verb	
sevmek	*to love*	sev**iş**mek	*to make love*
bulmak	*to find*	bul**uş**mak	*to meet*
anlamak	*to understand*	anl**aş**mak	*to agree*
tanımak	*to recognize, to be acquainted with*	tan**ış**mak	*to become acquainted, to meet for the first time*
gelmek	*to come*	gel**iş**mek	*to develop*

Now look at these sentences:

| İki kamyon birbirlerine çarptı. | *Two lorries hit one another.* |
| İki kamyon çarpıştı. | *Two lorries collided.* |

Question: What is the difference between the two?
Answer: None. For many verbs, there is no difference between the -**iş** form of the verb and using **birbiri**. However, where an -**iş** verb has a special meaning, beware!

| Birbirimizi seviyoruz. | *We love each other.* |
| Sevişiyoruz. | *We're making love.* |

Grammar books call the -iş form of verbs the reciprocal form. They call **birbiri** the reciprocal adverb.

5 'When', 'where' and 'how'

Just as adjectives describe nouns, adverbs tell us more about verbs – when, where or how actions happen. You have already met many adverbs in this book.

You can use most adjectives as adverbs. For example:

İyi gidiyor.	*It's going well.*
Türkçeyi güzel konuşuyorsunuz.	*You speak Turkish well.*

You can create adverbs by adding the ending -ce onto words. For example:

Yavaşça sür.	*Drive slowly.*

You can create adverbs by 'doubling' adjectives or some nouns. For example:

yavaş yavaş	*slowly*
zaman zaman	*now and then, from time to time*

You put adverbs just before the verb which they describe. When there is more than one adverb in a sentence, you usually put *when* before *where* or *how*.

'When'

artık	*now, at last, from now on*
daha	*still, yet*
gene or **yine**	*still*
hemen	*straight away, just*
hemen hemen	*almost*
hemen şimdi	*just now*
henüz	*not yet, just now*
hiçbir zaman	*never*
nadiren	*seldom, not often*
bazen	*sometimes*
sık sık	*often*
her zaman	*always*
sabahleyin	*in the morning(s)*
akşamleyin	*in the evening(s)*
geceleyin	*at night*

| kışın | in the wintertime |
| yazın | in the summertime |

'Where'

ileri (ileride, ileriye, etc.)	*ahead, forwards*
geri (geride, geriye, etc.)	*back, backwards*
aşağı (aşağıda, aşağıya, etc.)	*down, downwards*
yukarı (yukarıda, yukarıya, etc.)	*up, upwards*
içeri (içeride, içeriye, etc.)	*inside, inward*
dışarı (dışarda, dışarıya, etc.)	*outside, outward*
bu/bura (burada, buraya, etc.)	*here*
o/ora (orada, oraya, etc.)	*there*
buralarda	*hereabouts, in this area*
oralarda	*thereabouts, in that area*

'How'

mutlaka	*definitely*
böyle, şöyle, öyle	*like this, like that*
belki	*maybe*
uzun uzun	*for a long time, long and hard*
gene or yine	*again*
çok	*a lot*
az, biraz	*a little*
bu kadar, şu kadar, o kadar	*this much, that much*

Exercises

1 The passage below tells us what life used to be like for Rıfat and his wife Müge before they got married. Fill in the gaps with the verbs from this list and convert them into the correct form.

almak gitmek kavga etmemek oturmak seyretmek ütülemek yapmamak yemek ziyaret etmek

Evlenmeden önce Müge annesiyle ___a___, ev işleri ___b___, çok TV ___c___, çok giysi ___d___ ve kimseyle ___e___. Bekârken Rıfat yalnız ___f___, her hafta sonu ailesini ___g___, sık sık maça ___h___, hep lokantalarda ___i___ ve gömleklerini kendi ___j___.

kavga etmek	*to argue, fight*
ütülemek	*to iron*
ziyaret etmek	*to visit*
kimse	*no-one*
bekâr	*batchelor*

2 Match the suggestions to the problems listed below.

a Arabam kirli.
b Balo için giyecek bir şeyim yok.
c Belki gözlük takmam lazım.
d Saçlarım uzun.
e Televizyonum çalışmıyor.

i Gözlerini muayene ettir.
ii Güzel bir elbise yaptırsana.
iii Kestirmelisin.
iv Tamir ettirmelisin.
v Yıkatsana.

3 Read this postcard and then answer the questions below.

25 Nisan

Sevgili Ahmet,

Ne haber? Side'deki tatilin nasıl geçti? Biz de önümüzdeki ay oraya gitmeyi düşünüyoruz. Kaldığınız pansiyon nasıl? Güzel bir yerse bize telefon numarasını ve adresini gönderebilir misin? Bayram olduğu için gitmeden önce rezervasyon yaparsak iyi olur.

Benden yeni bir haber yok. Birkaç haftadır çok fazla çalışıyorum. Bu yüzden tatilimi dört gözle bekliyorum.

Umarım haziranda görüşürüz. Hoşça kal.

Artin

a Artin hangi ayda tatile çıkmak istiyor?
b Neden rezervasyon yapmak iyi bir fikir?
c Artin son zamanlarda ne yapıyor?
d İnşallah Artin ve Ahmet kaç ay sonra birbirlerini görecekler?

önümüzdeki	*the coming, next*
bu yüzden	*because of this*
dört gözle beklemek	*to look forward to*
ummak	*to hope*
fikir	*idea*
son zamanlarda	*recently*
galiba	*probably*

4 Rewrite the following sentences. Use either **birbiri** or a verb containing **-iş**. The first one has been done for you.

a Ali Canan'a baktı. Canan da Ali'ye baktı.
Ali ve Canan bakıştılar.
or Ali ve Canan birbirlerine baktılar.

b Siz bana yardım edebilirsiniz. Ben de size yardım edebilirim.

c Ali Canan'ı göremedi. Canan da Ali'yi göremedi.

d Ben ona bağırdım. O da bana bağırdı.

e Ben senden korkuyorum. Sen de benden korkuyorsun.

f Ali, Canan'ın zayıflıklarını çok iyi anlıyor. Canan da Ali'nin zayıflıklarını çok iyi anlıyor.

g Benim sana ihtiyacım var. Senin de bana ihtiyacın var.

5 Fill in the gaps in the sentences below. First choose one of the two verbs in brackets, then convert it to the correct form.

a Yemek _____ öğrenmek istiyorum. (pişmek/pişirmek)
b Dikkat et! Köpek çocuğu _____. (korkmak/korkutmak)
c Doktor hastaya ilacı _____. (içmek/içirmek)
d En sevdiğim parça radyoda _____. (çıkmak/çıkarmak)
e Eski radyom bozuk, _____. (çalışmamak/çalıştırmamak)
f Hırsız karanlığa _____. (kaçmak/kaçırmak)
g İskoçya'da muz _____ mümkün değil. (yetişmek/yetiştirmek)
h Kazada kaç kişi _____? (ölmek/öldürmek)
i Lütfen, televizyon kanalını _____? (değişmek/değiştirmek)
j Bu sabah saat dördü çeyrek geçe _____. (uyanmak/uyandırmak).

6 Tunç used to be a very wealthy man. Now times are harder. Read this description of how his life has changed, then say whether the statements below are true or false.

Zenginken her gün evini temizletirdi, haftada iki kere arabasını yıkatırdı, lokantadan yemeğini getirtirdi, ısmarlama elbise yaptırırdı ve günde birkaç kere ayakkabısını boyatırdı. Bugünlerde evini kendi temizliyor, ayda bir kere arabasını yıkatıyor, lokantadan yemeğini getirtmiyor, hazır elbise giyiyor ve gerekli olunca ayakkabısını kendi boyuyor.

Doğru mu, yanlış mı?

a Bugünlerde daha sık evini temizletiyor.
b Bugünlerde daha nadiren arabasını yıkatıyor.
c Eskiden daha pahalı elbise giyerdi.
d Bugünlerde lokantadan yemeğini kendi alıyor.
e Eskiden ayakkabısı daha temizdi.

getirtmek	*to have something brought*
ısmarlama elbise	*made-to-measure clothes*
günde birkaç kere	*a few times a day*
bugünlerde	*nowadays*
kendi	*self, himself*
eskiden	*formerly, in the past*
nadiren	*rarely*

▶ *Konuşma* Dialogue 2

Later, in a café, Pelin and Selma have been reminiscing about their schooldays.

Pelin Eski okul arkadaşlarımızdan gördüklerin var mı?
Selma Senelerdir hiçbirini görmedim. Mamafih geçen yaz bir tanesine vapurda rastladım. Kim olduğunu tahmin et.
Pelin Edemiyorum.
Selma Ali Tan! Bizim Ali Tan! Seninle ben onu ne kadar beğenirdik! Okulda ikimiz de ona deli gibi aşıktık. Ama çok utangaçtık. Neyse vapurda konuşmaya başladık. Konuşurken onun da beni beğendiğini öğrendim! Bayıldım! Okulda Ali Tan beni beğenirmiş ama o da çok utangaçmış! Evliymiş şimdi. Ne yazık.
Pelin Konuşurken benden bahsettiniz mi?
Selma Hayır. Sadece ikimiz hakkında konuştuk. Beni hâlâ sevdiğinden eminim. Eh, bu kadar yeter. Şimdi senin

hakkında konuşalım. Biraz önce bir şey itiraf edeceğini söyledin. Etsene.

Pelin Benim Ali Tan'la evli olduğumu söyleyecektim ...

-den gördüklerin var mı?	*have you seen any of ...,* *do you see any of ... ?*
mamafih	*however*
bir tanesi	*one of them*
(-e) rastlamak	*to meet by chance*
seninle ben	*you and I*
onu ne kadar beğenirdik	*how we used to love him!*
onun beni beğendiğini öğrendim	*I learned that he liked me*
bayıldım!	*I loved it! (literally* *I fainted!)*
beni hâlâ sevdiğinden eminim	*I'm sure he still likes me*
bu kadar yeter	*that's enough*
itiraf edeceğini söyledin	*you said you would confess*
söyleyecektim	*I was going to say*
ne yazık	*what a pity*
evli	*married*

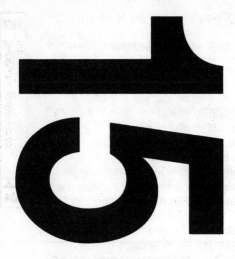

15

burası ne zaman inşa edilmiş?

when was this place built?

In this unit you will learn how to
- say what was done and by whom
- say what was going to happen
- build new vocabulary using specific word endings

▶ *Konuşma* Dialogue

Ivan is a Ukrainian in Istanbul on a business trip. His client is an old friend, Atilla. Their work finished for the day, Atilla has taken him for a beer in a **meyhane** in the famous **Çiçek Pasajı**.

İvan	Burası ne kadar eski?
Atilla	Sultan Abdulhamit'in bir memuru bu hanı 1876 yılında inşa ettirmiş. Planı Fransız bir mimar tarafından çizilmiş. Mimarın adını hatırlamıyorum.
İvan	Çiçekçi han olarak mı inşa edilmiş?
Atilla	Hayır. Ne olarak inşa edilmiş bilmiyorum.
İvan	Adı neden Çiçek Pasajı o zaman?
Atilla	1917 yılında Rusya'da ihtilal olunca pek çok Beyaz Rus İstanbul'a gelmiş. Rus kızları sokaklarda çiçek satmışlar çünkü başka iş yokmuş. Ondan sonra İngiliz ve Fransız askerler İstanbul'a gelmiş. Bu askerler çiçek satan kızlara sataşıp, rahatsız etmişler. Çiçekçi kızlar bunun için sokaklardan ayrılıp, bu pasaja gelmişler ve burada çiçek satmaya başlamışlar.
İvan	İlginç. Ama şimdi çiçekçiler yok ki!
Atilla	1940'a kadar çiçekçilerle doluydu. Ondan sonra çiçekçilerin arasında meyhaneler açılmaya başladı. Yavaş yavaş meyhanelerin sayısı arttı ve sonuçta hiç çiçekçi kalmadı.
İvan	Enteresan.
Atilla	Hadi, bu kadar tarih yeter artık. (*holds up his glass*) Şerefe!
İvan	Başarımıza!

meyhane	*tavern*
çiçek	*flower*
burası	*here, this place*
han	*large commercial building*
inşa etmek	*to build*
inşa ettirmek	*to have a place built*
mimar	*architect*
çizmek	*to draw*
Fransız bir mimar tarafından çizilmiş	*was drawn by a French architect*
çiçekçi han olarak	*as a flower sellers' building*
inşa edilmek	*to be built*
o zaman	*then, in that case*
ihtilal	*revolution*
Beyaz Rus	*Belorussian(s)*
asker	*soldier*

-e sataşmak	to harrass
rahatsız etmek	to disturb
-den ayrılmak	to leave
ki!	!
açılmaya başlamış	began to be opened
sayı	number, count
artmak	to increase
sonuçta	in the end
başarımıza	to our success

Questions

Doğru mu, yanlış mı?

1 Çiçek Pasajı, Sultan Abdulhamit tarafından inşa ettirildi.
2 Çiçek Pasaji yüz yıldan daha eski.
3 Çiçek Pasajı'nda Rus kızlar çiçek satarlardı.
4 Şimdi hâlâ Çiçek Pasaji'nda çiçek satılıyor.

ℹ️ *Çiçek Pasajı*: The place to be!

This is a lively place to spend an evening when in Istanbul. It is a little run down and gets jam-packed at night, but it is also inexpensive and full of character. Its atmosphere is a far cry from that of the sterile international hotels and bars.

ℹ️ *-miş* ending

Atilla uses the **-miş** tense throughout his history lesson. This underlines the fact that he wasn't there when it happened and is just relating what he's heard.

ℹ️ *Ki!*: showing surprise

Do not confuse the word **ki** with the ending **-ki**. The word **ki!** is an expression of surprise.

ℹ️ Singular forms

Note how Atilla uses the singular form of **Rus** to mean *Russians* and the singular **çiçek** to mean *flowers*.

ℹ️ Dealing with harrassment

Using the verb **sataşmak** is one of a number of ways of repelling unwanted attention. It is somewhat stronger than **rahatsız etmek**. For example:

Rahatsız etmeyin!   *Don't bother me! Leave me alone!*

| Sataşmayın! | *Don't harrass me!* |
| Çok ayıp! | *Shame on you!* |

Language points

1 The passive

Consider the sentence *I opened the door*. You can convey the same meaning by saying *the door was opened by me*. You can also say *the door was opened* without mentioning who did it. You use sentences which say what *is done* or *was done* when you want to focus on the person or thing affected by an action, rather than the one performing it. Look at these examples:

Ahmet kapıyı açtı.	*Ahmet opened the door.*
Kapı Ahmet tarafından açıldı.	*The door was opened by Ahmet.*
Kapı açıldı.	*The door was opened.*

To say something *was done* in Turkish, you use a special form of the verb. This form is called the passive form. To make it, follow these steps:

Action	Example
Take the full form of the verb.	açacak
Add **-il** or **-in** after the verb stem.	aç*il*acak

Here are some verbs and their passive forms:

Normal verb form		Passive form	
çekmek	*to pull*	çek*il*mek	*to be pulled*
sokmak	*to insert, to put in*	sok*ul*mak	*to be inserted*
kapamak	*to close*	kapa*n*mak	*to be closed*
yemek	*to eat*	ye*n*mek	*to be eaten*
silmek	*to wipe*	sil*in*mek	*to be wiped*
bulmak	*to find*	bul*un*mak	*to be found*

Question: How do you know whether to use **-il** or **-in**?
Answer: Follow these rules.
- For most verbs, the ending is **-il**.
- For verb stems which end in a vowel, the ending is **-n**.
- For verb stems which end in **l**, the ending is **-in**.

Look at the following normal (or 'active') sentences and similar passive sentences:

Active sentence		Passive sentence	
Cüzdanı çaldı.	He stole the purse.	Cüzdan çalındı.	The purse was stolen.
Masayı siliyor.	He's wiping the table.	Masa siliniyor.	The table's being wiped.
Arabayı yıkayacak.	He'll wash the car.	Araba yıkanacak.	The car will be washed.

In the active sentences, note how **cüzdan, masa** and **araba** have direct object endings. Here they are the object of the verb. In the passive sentences they have no endings. Here they are the subject of the verb.

Here are some more examples of passive sentences:

Park saat sekizde kapanır. *The park closes at eight o'clock.*

Kağıt keresteden yapılır. *Paper is made from timber.*

Bu kilim ipekten yapılmış. *He says this carpet is made of silk.*

Rapor bugün bitirilmeli. *The report must be finished today.*

2 Saying 'by' in passive sentences

In passive sentences, the equivalent of *by* is **tarafından**. For example:

'Hamlet' Şekspir tarafından yazıldı. *"Hamlet" was written by Shakespeare.*

Bu bina Türkler tarafından inşa edildi. *This building was built by Turks.*

Penisilin Alexander Fleming tarafından keşfedildi. *Penicillin was discovered by Alexander Fleming.*

Bu resim benim tarafımdan çizildi. *This picture was drawn by me.*

When you use personal pronouns with **tarafından**, you put a possessor ending on the pronoun and a possessed ending in the middle of **tarafından**. You only do this with personal pronouns – you do not put a possessor ending on nouns.

You should note that you do not commonly use a passive with **tarafından** unless you're talking about inventions, discoveries, or describing a process. You use a simple non-passive sentence instead. So you would not normally say **bu resim benim tarafımdan çizildi**, but instead you'd just say **bu resmi ben çizdim**.

3 Using the passive in signs

Turkish uses passive forms more than English does. In Turkey you see them all around you on signs. The following signs use the passive to state what goes on:

Tamir edilir.	*Repairs made.*
Döviz alınır.	*Foreign currency accepted.*
Kahvaltı verilir.	*Breakfast served.*
Garson alınacak.	*Waiter required.* (literally *Waiter will be taken.*)

The following signs use the passive to warn what won't, or shouldn't go on:

Girilmez.	*No entry.* (literally *It isn't entered.*)
Sigara içilmez.	*Smoking forbidden.* (literally *Cigarettes are not smoked.*)

4 What was going to happen

You know the Turkish future tense (**yapacağım** – *I am going to do*). To make the past future tense (**yapacaktım** – *I was going to do*), follow these steps:

Action	Example
Take the future form of the verb.	içeceğim
Remove the personal ending.	içecek
Add the past form of the verb *to be*.	içecektim

Here are some examples:

Bu akşam ders çalışacaktım, ama şimdi dışarı çıkıyorum.	*I was going to study tonight but now I'm going out.*
Sana telefon edecektim, ama numaranı kaybettim.	*I was going to telephone you but I lost your number.*

5 Reflexives ('myself', 'yourself', etc.)

Kendi: 'self'

Kendi means *self*. You use it with the possessed endings -im, -in, -i, -imiz, -iniz and -leri. For example:

Kendim seçtim.	*I chose it myself.*
Kendine iyi bak.	*Look after yourself.*
Kendisi için aldı.	*He bought it for himself.*
Kendimizden nefret ettik.	*We hated ourselves.*
Kendinize bakın!	*Look at yourself!*
Kendilerini yakacaklar.	*They'll burn themselves!*

Note how you can add the -i, -e, -den and -ile endings to the kendi words.

To say *by myself* you say *self to myself*. For example:

Kendi kendime seçtim.	*I chose it all by myself.*
Kendi kendinize oynayın!	*Play by yourselves!*
Kendi kendine şarkı söylüyor.	*He's singing by himself.*

You can use **kendi** with possessed nouns to mean *my own, your own*, etc. For example:

Kendi arabamızı kullandık.	*We used our own car.*
Kendi yemeklerini yediler.	*They ate their own food.*

Grammar books call **kendi** the reflexive adverb.

Reflexive verbs

Reflexive verbs contain the idea of *myself, yourself, himself*, etc. You put the ending -in on a verb stem to make it reflexive. For example:

Normal verb		Reflexive form	
yıkamak	*to wash something*	yıka**n**mak	*to have a wash (to wash yourself)*
giymek	*to put on (clothes)*	giy**in**mek	*to get dressed (to dress yourself)*

The reflexive forms of some verbs have particular meanings. For example:

Normal verb		Reflexive form	
dinlemek	to listen	dinlenmek	to relax (literally to listen to yourself)
koymak	to put	konmak	to perch (literally to put yourself)
söylemek	to say	söylenmek	to mutter (to say to yourself)
taşımak	to carry	taşınmak	to move house (to carry yourself)

If you do not know whether the reflexive form of a verb has such a meaning, play safe and use **kendi** instead.

Reflexive or passive?

For some verbs, the reflexive form is exactly the same as the passive form! Thus, **taşınmak** might mean *to move house* or *to be moved* depending on whether it is intended to be passive or reflexive. Here are some other possibilities for confusion:

Verb	Passive meaning	Reflexive meaning
dinlenmek	to be listened to	to relax
görünmek	to appear, look	to see yourself
hazırlanmak	to be under preparation	to prepare yourself

The intended meaning is usually clear from the context.

6 Vocabulary building with -im, -in, -gi, -gin, -gen, -i

Turkish makes nouns and adjectives from verbs by adding various endings onto the verb stem.

Here are some verb stems plus **-im**:

Verb		Noun or adjective	
basmak	to print, to stand on	basım	edition, printing
bilmek	to know	bilim	science
doğmak	to be born	doğum	birthday
ölmek	to die	ölüm	death

Here are some verb stems plus **-in**:

Verb		Noun or adjective	
basmak	*to print, to stand on*	bas**ın**	*the press*
sormak	*to ask*	sor**un**	*problem, question*
tütmek	*to give out smoke*	tüt**ün**	*tobacco*
saymak	*to count*	say**ın**	*esteemed, dear (in letters)*

Here are some verb stems plus **-gin, -kin**:

Verb		Noun or adjective	
bilmek	*to know*	bil**gin**	*learned, scholar*
düşmek	*to fall*	düş**kün**	*addicted, devoted*
üzmek	*to hurt someone's feelings*	üz**gün**	*sad, sorrowful*
girmek	*to enter*	gir**gin**	*sociable*

Here are some verb stems plus **-gen, -ken**:

Verb		Noun or adjective	
çalışmak	*to work*	çalış**kan**	*hard-working*
çekinmek	*to be wary, to be timid*	çekin**gen**	*timid, hesitant*
unutmak	*to forget*	unut**kan**	*forgetful*

Here are some verb stems plus **-gi**:

Verb		Noun or adjective	
basmak	*to print, to stand on*	bas**kı**	*newspaper circulation, oppression*
bilmek	*to know*	bil**gi**	*knowledge*
duymak	*to hear, to feel*	duy**gu**	*feeling*
saymak	*to count*	say**gı**	*respect*

Here are some verb stems plus -i:

Verb		Noun or adjective	
saymak	*to count*	say*ı*	*figure, number*
dizmek	*to line something up*	diz*i*	*series*
sormak	*to ask*	sor*u*	*question*
örtmek	*to cover*	ört*ü*	*cover, blanket*

Exercises

1 Fill in the gaps in the sentences below using the passive form (present or past) of one of these verbs:

çalmak   değiştirmek   göstermek   kapamak   keşfetmek
oynamak   öğrenmek   satmak   uyandırmak   yapmak

a Bisikletim yok oldu. Sanırım, _____.
b Ben dün gecenin ortasında komşular tarafından _____.
c Çarşaflar her hafta _____.
d Amerika Amerigo Vespuçi tarafından _____.
e Her okulda İngilizce _____.
f Pul postanede _____.
g Bu dükkan saat 8'de _____.
h Tüm dünyada futbol _____.
i Türk televizyonunda çok Amerikan dizisi _____.
j Tereyağı sütten _____.

2 Test your knowledge of Turkish history.

a Modern Türkiye kim tarafından kuruldu?
b 1915 yılında Gelibolu'da kimlere karşı savaşıldı?
c Süleymaniye Camisi kim tarafından inşa edildi?
d İstanbul havalimanına kimin adı verildi?
e 1453 yılında İstanbul kim tarafından fethedildi?

kurmak	*to establish, to found*
Gelibolu	*Gallipoli*
savaşmak	*to fight*
fethetmek	*to conquer*

3 What do the following signs mean?

a PAKET SERVİS YAPILIR

d SAAT PİLİ TAKILIR

b ŞEMSİYE SATILIR ve KİRAYA VERİLİR...

e BURAYA İLAN YAPIŞTIRILMAZ

c AYAK YIKANMAZ

f BU BİNANIN DOĞALGAZA GEÇİŞİ YILDIRIM MÜHENDİSLİK TARAFINDAN YAPILMIŞTIR TEL:552 39 27

kiraya vermek	*to rent out*
pil	*battery*
ilan	*poster, notice, advert*
yapıştırmak	*to stick something*
bina	*building*
doğal	*natural*
mühendislik	*engineering*

4 It is April. Erol's daughter, Gonca, has found the piece of paper containing the New Year's resolutions he wrote four months previously. She's now confronting him with them. Fill in the gaps in the dialogue using sentences **i–vi** below.

Gonca Benimle daha çok oynayacaktın. Oynamıyorsun.
Erol ____a____
Gonca Daha erken eve dönecektin.
Erol ____b____
Gonca On kilo verecektin. Vermedin.
Erol ____c____
Gonca Daha yavaş araba sürecektin, ama hâlâ hızlı gidiyorsun.

Erol	_____d_____
Gonca	Sigarayı bırakacaktın. Hâlâ içiyorsun.
Erol	_____e_____
Gonca	Hakan ile benim önümüzde küfür etmeyecektin.
Erol	_____f_____
Gonca	Bu kadar.
Erol	Tamam. Ya sen? Doğru hatırlarsam, sen televizyon seyretmeyecektin, akşamları ders çalışacaktın, okula geç kalmayacaktın ...

i Acelem var. Ne yapayım?

ii Özür dilerim. Gelecek hafta sonu bir şey yapalım beraber. Ne dersin?

iii Bir kaç gün bıraktım, ama hep çok sinirliydim.

iv Bürodan erken çıkamadım. Çok işim var bugünlerde.

v Unuttum. Yarın rejime başlayacağım.

vi Kızdırma beni o zaman. Kızdığım zaman ediyorum.

---

sinirli	_irritable_	**rejim**	_diet_
bugünlerde	_these days_		

---

5 Read the following month-by-month description of a capital city's climate. Which city is it?

Ocak	Kar yağışı olabilir ama bir kaç günden fazla tutmaz. En soğuk aylardan biridir. Sıcaklık 2 ile 6 derece arasında değişir.
Şubat	Soğuk bir aydır, kar yağışı olabilir. Sıcaklık 2°c ile 7°c arasında değişir.
Mart	Güneşli, soğuk ve yağmurlu bir aydır. Sıcaklık 3 ile 10 derece arasında değişir.
Nisan	Hava biraz daha ısınır. Güneşli ve yağmurludur. Sıcaklık 6 ile 13 derece arasında değişir.
Mayıs	Yağmurlu ama güneşli bir aydır. Sıcaklık 8 ile 17 derece arasında değişir.
Haziran	Yağmurlu olabilir. Sıcaklık 12 ile 20 derece arasında değişir.
Temmuz	Genellikle güneşlidir. Yağmur beklenebilir. Sıcaklık 13°c ile 22°c arasında değişir.
Ağustos	En sıcak aydır, genellikle güneşlidir ama yağmur yağdığı da olur. Sıcaklık 14 ile 23 derece arasında değişir.
Eylül	Yağmurludur. Ayın sonuna doğru ısı düşer. Sıcaklık 11 ile 19 derece arasında değişir.

Ekim	Yağmurludur. Sıcaklık 8 ile 14 derece arasında değişir.
Kasım	Oldukça yağmurlu ve sisli geçer. Sıcaklık 5°c ile 10°c arasında değişir.
Aralık	Soğuk ve kapalıdır. Sıcaklık 4 ile 7 derece arasında değişir.

kar yağmak	*to snow*	**kapalı**	*grey (lit. closed)*
derece	*degree*	**-e doğru**	*towards*
genellikle	*generally*	**ısınmak**	*to warm up*
yağmur yağmak	*to rain*	**sis**	*fog, mist*
oldukça	*quite*		

6   Read this job application. Then, guessing from the context of the letter, match the words below to their meanings.

---

8 Ağustos 2004

Arsen Metal Sanayii
Personel Müdürlüğü
Arçelik Cad. No. 56
Esentepe/İstanbul

Sayın Yetkili,

Size gazetedeki ilanınız üzerine yazıyorum.

1970 İstanbul doğumluyum. 1993 yılında İstanbul Teknik Üniversitesi Elektrik Mühendisliği bölümünü bitirdim. Haziran 1993–Mayıs 1995 yılları arasında beyaz eşya sektöründe pazarlamacı olarak çalıştım, daha sonra askerlik görevimi yaptım.

1997 yılından beri büyük bir pazarlama bölümünde çalışmaktayım. Bu dönem içerisinde pazarlama seminerlerine katılıp, Amerikan Kültür Derneği'ndeki İngilizce kurslarına da devam ettim. İyi derecede İngilizce biliyorum. Boş zamanlarımda spor yapmayı ve kitap okumayı severim.

Sahip olduğum özelliklerle firmanıza yardımcı olabileceğimi umarak bilgilerinize sunarım.

Saygılarımla,

Cevdat Ülker

a	beyaz eşya	i	*department*
b	bölüm	ii	*industry*
c	dernek	iii	*salesman, marketing expert*
d	dönem	iv	*engineering*
e	ilan	v	*notice, advertisement*
f	katılmak	vi	*period*
g	mühendislik	vii	*society, association*
h	pazarlamacı	viii	*to join, to participate in*
i	sanayi	ix	*to offer, to present, to submit*
j	sunmak	x	*'white goods' – fridges, cookers, etc.*

7 Translate this sign using a dictionary.

İNDİRİMLİ BİLET
ALMAK İSTEYEN
YOLCULARIN İNDİRİM
KARTLARINI GÖSTERMELERİ
RİCA OLUNUR.

▶ *Konuşma* Dialogue 2

The next morning – the morning after their night out – İvan is asleep in his hotel room. Atilla phones him from the hotel lobby.

İvan   Alo?

Atilla   Günaydın. Ne var ne yok?

İvan   Uyuyordum. Saat kaç?

Atilla   Sekiz. Nasılsın?

İvan   Berbat. Başım çok fena. Ya sen?

Atilla   Ben iyiyim. Senin kadar içmedim.

İvan   Keşke ben de daha az içseydim!

Atilla   Keşke! Hadi, kalkman lazım. Toplantı bir buçuk saat sonra başlıyor.

İvan   Of!

Atilla   Aşağıdayım, restoranda. Sana bir kahve ısmarlayayım. Nasıl içersin?

İvan	Çok koyu olsun. İki şekerli.
Atilla	İki de aspirin.
İvan	İyi olur.
Atilla	Tamam. Bekliyorum. Hadi.
İvan	Geldim.

berbat	*terrible*
senin kadar	*as much as you*
keşke	*if only, I wish*
keşke daha az içseydim	*I wish I'd drunk less*
sadece	*only*
aşağıda	*downstairs*
ısmarlamak	*to order*
iyi olur	*that'd be nice*
geldim	*I'm on my way*

16

fiyatları bilseydim orada yemezdik

if I had known about the prices we wouldn't have eaten there

In this unit you will learn how to
- say what you would do in an unlikely situation
- say what you would have done if things had been different
- express regret
- build new vocabulary using specific word endings

▶ *Konuşma* Dialogue

Jülide's neighbours, Çetin and Özdem, have recently been on holiday with their children. She has just bumped into Çetin.

Jülide Tatiliniz nasıldı, nerede geçirdiniz?

Çetin Çok güzeldi. Bir hafta Avşa Adası'nda kaldık.

Jülide Neyle gittiniz? Vapurla mı?

Çetin Deniz otobüsüyle. Yol sadece üç saat sürdü. Eğer vapurla gitseydik iki kat uzun sürerdi. Deniz otobüsü çok daha pahalı ama çocuklar için daha iyi.

Jülide Nerede kaldınız?

Çetin Plajdaki bir otelde. Çocuklar için orayı seçtik. Onlar bütün gün plajda oynadılar. Daha serin olsaydı Özdem'le ben de plaja giderdik ama hava çok sıcaktı. Biz plaja bakan balkonumuzda oturup dinlendik.

Jülide Oralarda gezdiniz mi hiç?

Çetin Çocuklar daha büyük olsaydı gezerdik. Ama henüz küçükler. Sabah kalkar kalkmaz plaja gidip bütün gün kumla oynadılar. Bayılıyorlar.

Jülide Özdem'in doğum günü için ne yaptınız?

Çetin Balık lokantasına gittik. Fiyatları sormadan meze olarak karides, ıstakoz, midye falan ısmarladım. Ondan sonra hepimiz balık yedik. Şarap, kola, rakı falan içtik. Çok güzeldi ama hesabı görünce şok oldum! Fiyatları bilseydim orada yemezdik. Yanımda yeterince para yoktu. Yarısını bile ödeyemedim! Özdem'e çaktırmadan, patronla konuştum ve ertesi sabah para alıp restorana götürdüm.

Jülide Özdem fark etmedi mi?

Çetin Fark etmedi. Hesabı görseydi, beni öldürürdü vallahi!

ada	*island*
gitseydik	*if we had gone*
iki kat uzun	*twice as long*
vapurla gitseydik iki kat uzun sürerdi	*if we had gone by ferry it would have taken twice as long*
daha serin olsaydı plaja giderdik	*if it had been cooler we would have gone to the beach*
oralarda	*around there*

çocuklar daha büyük olsaydı gezerdik	if the children had been older we would have toured around
henüz	still
kalkar kalkmaz	as soon as they woke up
-e bayılmak	to love doing something (literally: to faint)
bayılıyorlar	they love it
sormadan	without asking
ıstakoz	lobster
midye	mussels
ısmarlamak	to order
hepimiz	all of us
fiyatları bilseydim orada yemezdik	if I'd known the prices we wouldn't have eaten there
yanımda	on me
yarısı	half of it
bile	even
-e çaktırmak	to let someone know (very informal)
Özdem'e çaktırmadan	without letting Özdem know
ertesi sabah	the next morning
hesabı görseydi, beni öldürürdü	if she had seen the bill she would have killed me
yüzünden	because of

Questions

Doğru mu, yanlış mı?

1 Çetin'le Özdem fiyat yüzünden deniz otobüsüyle gittiler.
2 Plajdaki bir oteli çocuklar küçük olduğu için seçtiler.
3 Özdem'in doğum gününde gittikleri yer iyi değil.
5 Çetin hesabı ödeyemediği için restoranın patronuyla konuştu.

ℹ Sea travel

For local sea travel, there are two forms of transport – the relaxing traditional steam ferries called **vapur**, and modern high-speed ferries called **deniz otobüsü**.

```
YOLCUDA KALACAK
                        İSTANBUL
                       BÜYÜK ŞEHİR
                        BELEDİYESİ
                        İSTANBUL
                      DENİZ OTOBÜSLERİ
   İNDİRİMLİ       SAN. VE TİC. A.Ş.
   SERİ A
              № 095799 ·
   SIRA

   GİDECEĞİ YER / DESTINATION
   İSTANBUL □      MARMARA / AVŞA □
   TARİH / DATE          SAAT / TIME
        /                    19 30
   ÜCRET / FARE      KOLTUK
   300.000.-TL       SEAT      Alt/Down
                               A-9
Orkide Matbaası - Turgut Kulaksızlar- Çaydanlık Sk. 7/A Kabataş-İSTANBUL
Tel : 250 75 57  Gayrettepe V.D.5919440012 B.Yılı : 1994 A.Tar. 11.3.1994(89)
```

Language points

1 The second and third conditional

In Unit 10 you learned about the present tense *if* verb endings (-sem, -sen -se, -sek, -seniz and -seler). You make these endings by combining -se- and the present tense of the verb *to be*.

You can make a second list of *if* endings *if* you combine -se-with the past tense of the verb *to be*. You then add these endings to the stems of verbs, for example:

gelseydim
yapsaydın
isteseydi
otursaydık
görseydiniz
açsaydılar

You use this form for two different purposes, 'unlikely' conditionals and past conditionals.

Unlikely conditionals

These are used to talk about things that won't (or probably won't) happen. Grammar books sometimes call this form the 'unreal' conditional. Others just call it the second conditional.

Here are some examples of 'unreal' *if* sentences:

Yerinde olsaydım giderdim.	*If I were you, I would go.*
Yerimde olsaydın ne yapardın?	*If you were me, what would you do?*
Yardım etseydi işimiz kolay olurdu.	*If he helped, our work would be easier.*
İsteseydik yardım ederdi.	*If we asked, he would help.*
Dikkat etseydiniz daha çok öğrenirdiniz.	*If you paid attention, you would learn more.*
Gelebilseydiler memnun olurdum.	*If they could come, I would be happy.*

You should note that the verbs in the second half of the Turkish sentences are in the *used to* tense. When you find them in an unreal conditional like this, you should not translate them as *used to do*. Instead they mean *would do*.

Question: What's the difference between **gelirsen memnun olurum** (*if you come I'll be happy*) and **gelseydin memnun olurdum** (*if you came I'd be happy*)?
Answer: The first sentence simply states what will happen in a certain situation. It offers no opinion as to whether that situation will occur or not. The second one suggests there is doubt about whether that situation will happen.

Past conditionals

This form is used to talk about what might have happened in the past. Some grammar books call this the third conditional. For example:

Yerinde olsaydım giderdim	*If I had been you, I would have gone.*
Yerimde olsaydın ne yapardın?	*If you had been me, what would you have done?*
Yardım etseydi işimiz kolay olurdu.	*If he had helped, our work would have been easier.*
İsteseydik yardım ederdi.	*If we had asked, he would have helped.*
Dikkat etseydiniz daha çok öğrenirdiniz.	*If you had paid attention, you would have learned more.*

Gelebilseydiler memnun olurdum.   *If they had been able to come, I would have been happy.*

Whether you translate these sentences as an unlikely conditional or a past conditional depends on the context. In the dialogue at the beginning of this unit, when **Çetin** says **gitseydik, olsaydı, bilseydim** and **görseydi**, it is clear from the context that he is talking about the past, and not about the improbable future.

2 Expressing regret

When expressing regrets, the Turkish equivalent of *if only* … or *I wish* … is **keşke**. You use it together with the past conditional form of verbs. Here are some examples:

Keşke gitmeseydin.   *I wish you hadn't gone.*
Keşke daha güzel olsaydım!   *If only I were prettier!*
Keşke hiç tanışmasaydık!   *I wish we had never met!*

3 *yapar yapmaz*: 'as soon as'

To say the equivalent of *as soon as*, you use the positive and negative forms of the **-r** present tense one after the other. For example:

Eve gelir gelmez banyo yapacağım.   *I'll have a bath the minute I get home.*

Ben işime gelir gelmez telefon çalmaya başlar.   *As soon as I get to work the phone starts ringing.*

Telefon çalar çalmaz cevap ver!   *Answer straight away when the telephone rings!*

Postaneyi geçer geçmez sağa dön.   *(As soon) as you pass the post office, turn right.*

4 Vocabulary building with *-mez, -ç, -gıç, -ik, -ek, -it, -ıntı*

Turkish makes nouns and adjectives out of verbs by adding various endings onto the verb stem.

Here are some verb stems plus **-mez**:

Verb		Noun or adjective	
inanılmak	*to be believed*	inanıl**maz**	*unbelieveable*
görünmek	*to be seen, to appear*	görün**mez**	*unforeseen, invisible*
değişmek	*to change*	değiş**mez**	*stable, unchanging*
utanmak	*to be ashamed*	utan**maz**	*shameless, impudent*

Here are some verb stems plus -ç:

bilinmek	to be known	bilin**ç**	the conscious mind
kazanmak	to earn, to win	kazan**ç**	profit, gain
kıskanmak	to be jealous	kıskan**ç**	jealous
utanmak	to be ashamed	utan**ç**	shame, embarrassment

Here are some verb stems plus -giç:

başlamak	to start	başlan**gıç**	the start
bilmek	to know	bil**giç**	a big-head
dalmak	to dive	dal**gıç**	diver

Here are some verb stems plus -ik:

uyanmak	to wake up	uyan**ık**	alert, awake
bozmak	to destroy	boz**uk**	broken, small change
karışmak	to mix	karış**ık**	mixed, confused
öksürmek	to cough	öksür**ük**	cough

Here are some verb stems plus -ek:

kaçmak	to run away	kaç**ak**	fugitive
konmak	to alight, to perch	kon**ak**	mansion, stopping place
sinmek	to pervade, cower	sin**ek**	housefly
uçmak	to fly	uç**ak**	airplane

Here are some verb stems plus -it:

anmak	to remember, commemorate	an**ıt**	monument
geçmek	to pass	geç**it**	mountain pass, passageway
konmak	to alight, to perch	kon**ut**	residence
taşımak	to carry	taş**ıt**	vehicle

Here are some verb stems plus -inti:

akmak	to flow	ak**ıntı**	current
çıkmak	to come out	çık**ıntı**	projection
söylenmek	to mutter, grumble	söylen**ti**	rumour
süpürmek	to sweep	süpr**üntü**	rubbish

Exercises

1 Match items from the two lists below in order to make the most meaningful sentences.

a Sen ondan bir haber alır almaz   i servis yapın.

b Babası gider gitmez   ii bana telefon edip bildirir misin?

c Kendi işinizi bitirir bitirmez   iii aşık oldu.

d Romeo, Juliet'i görür görmez   iv bebek ağlamayı bıraktı.

e Yemeği ocaktan alır almaz   v bana yardım etmelisiniz.

2 Semra is a real misery. Below are a list of her regrets about the present and the past. Fill in each gap in the sentences below with the correct form of one of the verbs from this list.

davranmak dinlemek doğmak evlenmemek konuşabilmek olmak seçmek seyretmemek

a Keşke daha zeki _____ .
b Keşke gençken kardeşime daha iyi _____ .
c Keşke saçlarım sarı _____ .
d Keşke eşimle _____ .
e Keşke dün gece terör filmi _____ .
f Keşke başka bir meslek _____ .
g Keşke babamın öğütlerini _____ .
h Keşke İngilizceyi bir İngiliz gibi _____ .

-e davranmak	to treat, handle someone
zeki	clever, intelligent
öğüt	advice

3 Complete this personality test and see if you agree with what it says about you in the key at the back of the book.

İnsanlarla nasıl geçiniyorsunuz? Geçimli mi yoksa geçimsiz misiniz? Aşağıdaki dört durum için kendinize en uygun cevabı seçin. Bunu yaptıktan sonra, anahtara bakın.

a Bir şarap şişesini açamasaydınız ne yapardınız?
   i Başka bir şişe açardım.
   ii Şişenin mantarını içeri iterdim.
   iii Şişenin ağzını kırardım.
   iv Bıçakla mantarı kesmeye çalışırdım.

b Çok istediğiniz bir şeyi gerçekleştiremeseydiniz ne yapardınız?

i Sinirden köpürürdüm.
ii Başka bir şey yapmaya çalışırdım.
iii Elde etmek için daha çok çalışırdım.
iv Sabırlı davranırdım.

c Polisten saklanmak isteyen birisi kapınızı çalsaydı ne yapardınız?

i Hemen polise telefon ederdim.
ii Ona dostça elimi uzatırdım.
iii Kapıyı yüzüne kapardım.
iv Para vererek yardım ederdim.

d İşleriniz kötü gitseydi ne yapardınız?

i Olayları hiç düşünmezdim.
ii Kendime güvenim sonsuz olurdu.
iii İnatçılık yapardım.
iv Bana yardım edecek birini bulurdum.

geçinmek (ile)	*to get on with*
geçimli	*easy to get on with*
geçimsiz	*difficult to get on with*
durum	*situation*
uygun	*suitable*
seçmek	*to choose*
mantar	*cork, mushroom*
itmek	*to push*
gerçek	*real*
gerçekleşmek	*to come true*
gerçekleştirmek	*to realize, to make come true*
köpürmek	*to foam, to foam at the mouth*
sinirden köpürmek	*to hit the roof, to foam with anger*
elde etmek	*to obtain, to achieve*
sabırlı	*patient*
davranmak	*to behave, to act*
saklanmak	*to hide oneself*
birisi	*someone*
uzatmak	*to extend, to stretch*
olay	*event, occurrence*
güven	*trust*
sonsuz	*endless*
inatçılık	*stubborness*

4 Match items from the two lists below in order to make the most meaningful questions and answers.

a Eğer milli piyango
kazansaydınız ne yapardınız?

b Başbakan olsaydınız ne
yapardınız?

c Eğer istediğiniz yerde tatil
yapabilseydiniz nereye
giderdiniz?

d Şefinizin yerinde olsaydınız
işçilerinize nasıl
davranırdınız?

e Eğer tüm paranızı
kaybetseydiniz nasıl
geçinirdiniz?

f Eşiniz sizi terk etseydi ne
yapardınız?

g İki saat sonra dünyanın
sonunun geleceğini
öğrenseydiniz ne yapardınız?

h Burnunuza yumruk
atsaydım ne yapardınız?

i Afrika'da safari yapardım.

ii Dairemi satmam gerekirdi.

iii Bodrum'da lüks bir villa
alıp, üstünü bankaya
yatırırdım.

iv Onlara daha çok para ve
daha uzun izin verirdim.

v Onu geri kazanmaya
çalışırdım.

vi Sarhoş olup
arkadaşlarıma telefon
ederdim.

vii Aptal sorularınızı
cevaplamayı bırakırdım.

viii Vergileri azaltırdım.

milli piyango	*national lottery*
başbakan	*prime minister*
tüm	*entire*
geçinmek	*to get by*
terk etmek	*to leave, to abandon*
yumruk atmak	*to punch*
azaltmak	*to reduce*
cevaplamak	*to answer*
daire	*flat, apartment*
üstü	*change, left-over money*
yatırmak	*to deposit*
izin	*holiday, leave*
aptal	*silly, stupid*
vergi	*tax*

5 Read this passage, then say whether the statements which
follow are true or false.

Kasimir Rubolowski, Polonya'da doğdu. Kalbi resim
sanatı için çarpan idealist bir ressamdı. Maceracı değildi.
Gençliğinde, 1 Eylül 1939'da, İkinci Dünya Savaşı

başladı. Rubolowski yurdundan ayrıldı ve Romanya'da ve İtalya'da çalıştıktan sonra 1942'de İstanbul'a yerleşti. O sırada hiç Türkçe bilmemesi bir problem yaratmadı. İlk tanıdığı kişi, ünlü sanat tarihçisi Celal Esat Arseven oldu. Arseven, Rubolowski'deki renkli sanat alevini hemen sezdi ve bu genç ressamı, kendi çevresinde, Kadıköy'de bir eve yerleştirdi.

Rubolowski, İstanbul'da portre ve doğa resimleri yaparak işe başladı. Yaptığı ilk portreler arasında ünlü entelektüeler vardı. Rubolowski, daha sonra Beyoğlu'na taşındı. Burada, kendi ülkelerinden kaçarak Türkiye'ye sığınan, Nicola Kalmikof ve A. Safiyef ile tanıştı. Bu üç mülteci ressam iyi arkadaş oldular. Rubolowski Çingene resimleri, doğadan tablolar ve İstanbul'un camilerini fon olarak kullanan resimler yaptı. Beyoğlu'nda özel bir resim okulu açtı.

1950 yıllarında Rubolowski Amerika'ya davet edildi. Orada kaldığı yıllarda çoğu tanınmış kişilerin portrelerini yaptı. Amerikan uyruğuna geçmesi için teklifleri kabul etmedi çünkü kazandığı Türk uyruğunu kaybetmek istemedi.

Amerika'dan sıkıldıktan sonra, Fransa'ya yerleşip Nice'de de özel resim okulu açtı. Bundan sonra, uzun yıllar İsviçre'de yaşadı. Cenevre'deki galeriler Rubolowski'nin tüm Avrupa'da tanınmasını sağladı. Polonya'nın kurtuluşundan sonra, Rubolowski her yıl anavatanı olan Polonya'ya gidip oradaki resim çalışmalarını sürdürdü. Zaman zaman İstanbul'u ziyaret eden ressam, Türkiye'yi de unutmamıştı ve en sonunda Türkiye'ye yine dönüp yerleşti.

Doğru mu, yanlış mı?

a İkinci Dünya Savaşı başlamasaydı Rubolowski Polonya'da kalırdı.

b Romanya'ya ve İtalya'ya gitmeseydi ressam olmazdı.

c Rubolowski, Celal Arseven'le tanışmasaydı Kadıköy'e yerleşmezdi galiba.

d Polonya, Rubolowski'nin anavatanı olmasaydı o kadar sık oraya gitmezdi.

e Zaman zaman İstanbul'u ziyaret etmeseydi Türkiye'yi unuturdu.

kalp	*heart*
sanat	*art*
çarpmak	*to hit, to knock, to beat*
ressam	*painter, artist*
maceracı	*adventurous, adventuresome*
gençlik	*youth*
dünya	*world*
savaş	*war*
yurt	*country*
yaratmak	*to create*
tarihçi	*historian*
renkli	*colourful*
alev	*flame, flare*
sezmek	*to sense, to perceive*
çevre	*surroundings*
portre	*portrait*
sığınmak	*to take refuge, to shelter*
mülteci	*refugee*
Çingene	*gipsy*
fon	*background, setting*
davet etmek	*to invite*
tanınmış	*well-known, famous*
uyruk	*citizen*
kabul etmek	*to agree (to)*
sıkılmak (-den)	*to be tired of/to feel fed up*
sağlamak	*to ensure, to guarantee*
kurtuluş	*freedom, liberation*
anavatan	*home country, motherland*
sürdürmek	*to continue, to keep on*

6 Which of these traffic signs do the descriptions below refer to?

a Genişliği iki buçuk metreden fazla olan taşıt giremez.
b Girişi olmayan.
c İleri mecburi yön.
d Karşıdan gelene yol ver.
e Sağa dönülmez.
f Sağa mecburi yön.
g Sola ve ileri mecburi yön.
h U dönüşü yapılmaz.
i Yol ver.
j Yüksekliği üç buçuk metreden fazla olan taşıtlar giremez.

gümrük	customs	taşıt	vehicle
geniş	wide	yön	direction
mecbur	compulsory	yüksek	high

7 Read this description of Sinop using a dictionary.

NASIL GİDİLİR?

Sinop'a İstanbul, Ankara, İzmir gibi büyük şehirlerden çok ve sık karşılıklı otobüs seferleri var. Öte yandan Sinop'a deniz yoluyla da ulaşmanız mümkün. Eğer kendi aracınızla gitmeyi düşünüyorsanız ve İstanbul'dan gidecekseniz, ya E-5 otoyolunu, ya da ücretli otobanı tercih etmek zorundasınız.

NEREDE KALINIR?

Sinop'ta kalabileceğiniz çok sayıda otel ve motel var. Ancak biz öncelikle deniz kenarındaki Melia Kasım Oteli'nde konaklamanızı ve eşsiz Sinop manzarasının keyfini çıkarmanızı öneririz.
Eğer Gerze'de konaklamak isterseniz, Köşkburun tesislerinde dalgaların sesini dinleyerek sakin bir tatil geçirebilirsiniz.

▶ *Konuşma* Dialogue 2

Shortly after speaking to Çetin, Jülide meets Çetin's wife, Özdem. They are talking about the same holiday.

Özdem   Tatilimiz çok güzeldi. Deniz masmavi, hava tertemizdi. Keşke bir kaç gün daha kalsaydık.

Jülide   Bu sabah Çetin'le konuştuk. O da çok sevmiş.

Özdem   Sevdi. Bak, çok komik bir hikâye anlatayım sana. Doğum günüm için balık lokantasına gittik. Çetin hep pahalı şeyler ısmarladı. Yiyip içip eğlendik. Akşamın sonunda hesap gelince, Çetin'in yüzü bembeyaz oldu! Gülmemeye çalıştım. Keşke görebilseydin! Yeterince parası yoktu zannediyorum! Halini görseydin gülerdin.

Jülide   Peki sonra ne oldu?

Özdem   Bana hiçbir şey söylemedi, ama patronla konuşmaya gitti galiba.

Jülide   Patron ona bulaşık yıkattı mı dersin?

Özdem   Güldürme beni. Ertesi sabah Çetin yarım saat yok oldu. Hesabı o zaman ödedi herhalde. Sormak istemedim. Çok komik!

Çetin'le konuştuk	*I talked to Çetin*
hikâye	*story*
gülmemeye çalıştım	*I tried not to laugh*
keşke görebilseydin	*I wish you could have seen it*
zannetmek	*to reckon, to think*
yıkatmak	*to make someone wash*

Other Turkish textbooks

Teach Yourself Turkish does not exist in a vacuum; it's not the only textbook for learning Turkish. If you are a really serious learner, once you have got part way through this book, start to work your way through a different textbook in parallel.

A dictionary

The Turkish-English glossary in this book contains all the Turkish words in *Teach Yourself Turkish*, and the English-Turkish glossary presents you with 1,000 of the words most commonly needed by language learners. Despite this, you should purchase a dictionary. Your choice is between pocket-sized or 'portable' (i.e. brick-sized), and between the Langenscheidt and the Redhouse. Before buying, check the date of publication – older editions will not have kept pace with terms relating to new technologies.

Take time to familiarize yourself with your dictionary's abbreviations. If you are ever unsure about the correct meaning of a word, look it up both ways so that you will be able, for example, to spot the difference between the 'band' which you wear in your hair and the 'band' that makes music.

A phrase book

Whether travelling to Turkey or not, a phrase book will be a handy companion to *Teach Yourself Turkish*. Many now contain tips on culture as well as phrases and a dictionary. They are invariably cheap and money well spent. Buy one and keep it with you to dip into during quiet moments.

Television

If you could do just one thing alongside working through TYT, then watching Turkish television would be by far the most effective. Television is great at placing language in context. The more banal the subject matter, the better – you can watch an action film or a soap in any language and understand what is going on! This is invaluable exposure and the nearest you will get to being immersed in a Turkish-speaking environment. If you do not live in Turkey, see if you can access Turkish satellite emissions without breaking the bank. Failing that, the cheapest option is to watch TV or listen to the radio via the Internet. Have the sound on whilst relaxing or leave it on in the background whilst doing something else. It all rubs off.

Newspapers and magazines

Early on in your studies, find something real to read such as magazines or newspapers. The trashier the better – comic strips may be particularly appealing. There are plenty of Turkish newspapers and magazines on the Internet. Try *Milliyet* for starters:

- Milliyet: **www.milliyet.com**

If you wish to read the news without struggling to understand the language, then try:

- *Turkish Daily News*: **www.turkishdailynews.com**

Travel books

A language is best understood within its context, so try reading about Turkish people and places. The following are recommended:

- Villers Jr. (ed.), *Travelers' Tales Turkey: True Stories*, 2002, Travelers' Tales Inc.
  Ideal holiday reading – collected excerpts from travel literature relating to Turkey.

- Facaros D, Pauls M, *Turkey* (5th Edition), 2002, Cadogan Guides.
  Very well-written and almost readable cover-to-cover even if you are not in Turkey at the time.

- Seal J, *A Fez of the Heart: Travels Around Turkey in Search of a Hat*, 1996, Harvest Books.
  Excellent entertaining read with much insight into the Turkey of the 1990s. Has caused some controversy, however.

- Bayraktaroğlu A, *Culture Shock! Turkey*, 2002 (Culture Shock! Guides) Graphic Art Center Publishing Co.
  An introduction to Turkish culture that is highly recommended, despite the fact that it may reflect an 'older generation' view.

Music

Listening to songs with Turkish lyrics will definitely help your language as well as getting you in the mood or reminding you of a past visit. If you live outside Turkey, then there are plenty of websites that sell Turkish music.

If you are an amazon.com or amazon.co.uk customer then a site with a familiar face is the German branch at www.amazon.de. It has a good selection of Turkish music, and your amazon.com and amazon.co.uk accounts are valid.

If you have never heard Turkish music before and are not sure what to buy, then try:

- Various Artists, *Rough Guide to the Music of Turkey*, 2003, World Music Network.
  A good cross-section of contemporary sounds from Turkish pop to belly-dance to *arabesk*.

The internet

This is the most affordable source of practice for a language learner – an endless mine of Turkish that is real. Here is a web address to get you started:

- **www.mfa.gov.tr** (Turkish Ministry of Foreign Affairs). Links to newspapers, magazines, TV and radio stations.

The following two websites will give you access to information about Turkey's cultural heritage and tourist attractions:

- **www.gototurkey.co.uk**
- **www.turizm.gov.tr**

Searching the Internet

Here are some tips when using a search engine (e.g. Google, Yahoo) to find Turkish material:

- Hit the 'Advanced search' link if there is one – it will probably allow you to select which languages or countries you wish to include in your search.

- You get more/different results if you use proper Turkish characters in your spelling e.g. do not use g instead of ğ.

To get a ğ when you cannot see it on your keyboard, do the following on a Windows-based PC:

- Click 'Start – Programs – Accessories – System Tools – Character Map';
- Once in the 'Character Map' tool, scroll to find ğ, click on the ğ, press the 'Select' button, then the 'Copy' button;
- Return to your web browser, and click in the place where you wanted to type ğ;
- Press the 'Ctrl' key on your keyboard, and while it is down, press the 'V' key;
- The ğ appears as if typed.

Further study

Once you have completed this book, you will be able to communicate in a variety of everyday situations and should have a sound knowledge of the major grammatical points of Turkish. Unlesss you have been using the book with a teacher, however, you will be lacking extensive practice at actually communicating in the language.

The most rewarding next step may be to enrol in an intermediate-level course in Turkish. Details of courses can be found through:

- **www.cilt.org.uk** (for courses in UK);
- **www.turkishstudies.org** (for courses in the USA);
- searching the internet for 'TÖMER' (for courses in Turkey).

progress test

Now that you have completed *Teach Yourself Turkish*, let's find out how much you have learned.

Throughout this book, translation has NOT been used as a learning methodology. Despite this, if you are using this book purely for self-study without access to a Turkish-speaking friend or teacher, a few translations are a handy and meaningful way of assessing your progress.

All the translations below are taken straight from earlier pages in this book, so there are no surprises. These exercises should allow you to diagnose the extent of your grasp of language points and to a lesser extent your vocabulary. The answers given in the key are not the only ones possible, so if your answer does not match exactly, you need to consider whether your answer is also correct. The answers in the key refer you to the part of the book the sentence is taken from, so that you can brush up on items where you are weak. With the answers you will also find feedback on your scores.

Turkish–English

Translate the sentences below. Afterwards, check your answers against the key, and give yourself a mark out of 2.5 for each sentence.

1 Bir ekmek, lütfen.
2 Hepsi ne kadar?
3 Hazır mıyız?
4 Telefon numarası beşyüzaltmış, yetmişiki, doksanbir.
5 Etsiz yemek ne var?
6 Sende para var mı?

7 Güneşte durmayın!
8 Pansiyondan sağa git. Sağa dön. Meydana git. Meydanda sola dön. Sola bak.
9 Sigara kullanmıyorum.
10 Bu akşam Timur'un ailesi lüks bir restorana gidiyor.
11 Hiç rakı içtin mi?
12 Bana bira mı getiriyorsun?
13 Cenk ve Hans'la saat sekizde otogarda buluşacağız.
14 Çay içer misiniz?
15 Gülen kadın kim?
16 Arkadaşın olarak konuşuyorum.
17 Gelebilecek misiniz?
18 Hadi kalkalım.
19 Masadaki çiçeklere bak!
20 Fransızcayı konuşabiliyorum ama yazamıyorum.
21 İzmir'de kesinlikle durmayacak.
22 İstanbul'dayken yazmaya çalışmıyorum.
23 İçme suyu çeşmesidir.
24 Sigara içmeyi bırakmalısın.
25 Dükkana giderse bir litre kola alsın.
26 Traş kremi kalmamış.
27 Gazeteyi okumadan kahvaltı yaptı.
28 Bayramda Ali'nin ailesine gitmişler.
29 Bu akşam banyo yapıp saçlarımı yıkayacağım.
30 Annen akşam yemeğini pişiriyor.
31 Eve geldiğim zaman sen gitmiştin.
32 Durumu söylediğiniz kadar fena değil.
33 Eskiden çok çalışırlardı.
34 Konuşurken benden bahsettiniz mi?
35 Buraya ilan yapıştırılmaz!
36 2001 yılından beri büyük bir pazarlama bölümünde calışmaktayım.
37 Sana bir kahve ısmarlayayım.
38 Yerimde olsaydın ne yapardın?
39 Nasıl gidilir? Nerede kalınır?
40 Ben işime gelir gelmez telefon çalmaya başlar!

Marks /100:

English–Turkish

Translate the sentences below. Afterwards, check your answers against the key, and give yourself a mark out of 2.5 for each sentence.

41 Shame on you!
42 Is there any fresh milk?
43 Are you open?
44 My Turkish is good.
45 A table for two please.
46 Wear the white blouse.
47 What's on that table?
48 I want coffee now.
49 Has the room got a bath?
50 I'm late. Sorry.
51 I bought a present for the baby.
52 Where do you live?
53 It's 25 to twelve.
54 Whose side are you on?
55 Put it in the middle of the table.
56 Tomorrow he'll go to Pamukkale.
57 Would you close the window, please?
58 Turkey is cheaper than England.
59 Shall I help?
60 How many languages can you speak?
61 Let's ask for the price list.
62 I want to talk.
63 I'm afraid of flying.
64 We must hurry.
65 If there's a problem, let me know.
66 I need a holiday.
67 According to you, the hotel's restaurant was first class.
68 When we arrived in Istanbul we went straight to our hotel.
69 After waiting half an hour I went home.
70 I don't know what I'm going to do.
71 You've changed your hair.
72 We'll see each other tomorrow.
73 We love each other.
74 What is the *pansiyon* you're staying in like?
75 Breakfast is served.
76 I was going to study this evening, but now I'm going out..
77 This picture was drawn by me.
78 Lots of American series are shown on Turkish TV.
79 I wish I'd been cleverer.
80 If you'd seen the state of him you would have laughed.

Marks /100:

key to the exercises

The Turkish language
Vocabulary building   denizci

The alphabet and pronunciation
The alphabet 1   Q, W, X 2   Çç, Ğğ, Iı, Öö, Şş, Üü 3   Aa, Ee, Iı, İi, Oo, Öö, Uu, Üü

Unit 1
Questions 1   var 2   yok 3   yok 4   var
Exercises 1   e, d, a, g, c, b, f 2   a mu b mi c mı d mı e mü f mi g mü h mu 3   a doğru b yanlış c doğru d doğru e yanlış 4   a iv b ii c i d iii e v 5   bir, iki, üç, dört, beş, altı, yedi, sekiz, dokuz, on 6   a -lar b -lar c -ler d -lar e -ler f -ler g -ler h -lar 7   a Sıcak değil. b Evet, büyük. c Beyaz değil. d Evet, Amerikan. e Küçük değil. f Evet, Türk. 8   a yes, no, morning b no, yes, any time c yes, yes, evening d no, yes, late night e yes, yes, morning or early afternoon f yes, no, any time g yes, no, any time 9   güzel, iyi, boş, sıcak, soğuk, kolay, Amerikan, İngiliz

Unit 2
Questions 1   evet 2   evet 3   [*your name*] 4   hayır (not yet!)
Exercises 1   a vi b i c iv d viii e vii f v g iii h ix i ii j vii 2   a siz b ben c o or onlar d biz e sen 3   a iii b ii c i d v e iv 4   a Ben müzisyenim. b Biz memnunuz. c Sen profesörsün. d Siz Almansınız. 5   a ayran – the rest are hot drinks b ayran – the rest are alcoholic drinks c onaltı – the rest are odd numbers d Tokyo – the rest are countries e turist – the rest are professions 6   a Saçım yok. b Evim küçük. c Arabam Rover. d Eşim Türk. e Türkçem iyi. f İşim ilginç. 7   a the police emergency line b a chemist's c a hospital d the 'Atrium' branch of Emlak Bank e the telephone fault helpline f the 'sea bus' terminal at Bakırköy 8   a sen b siz c siz d siz e sen f siz g sen 9   oniki, on, beş, sekiz, yarım, kırk, yirmi, yüz, milyar, sıfır

Unit 3

Questions 1 Hayır, beyaz. 2 Evet, cacık soğuk meze. 3 Evet, çok. 4 Hayır, kırmızı değil.

Exercises 1 c, b, a, e, f, d 2 a Paris'ten b bende c cacıkta d güneşte e restorana f pansiyondan g İzmir'e h masaya i bana j sizden 3 a v b ii c vi d i e iv f iii 4 a iv b vi c iii d ii e i f v 5 a iki b Masada c Rafta d Kedi ve kitaplar var. e Ali ve Gül. f Evet, mutlu. 6 a lokanta b pansiyon c otel d bakkal e pansiyon 7 a i b v c iv d iii e ii 8 a üçyüzellialtı b binaltıyüzaltmışiki c yediyüzkırksekiz d dokuzyüzaltmışbir e binüçyüzonsekiz 9 **Voiced:** b, c, d, g, j, l, m, n, v, y, z; **Unvoiced:** ç, f, h, k, p, r, s, ş, t 10 ş – j; ç – c; f – v; k – g; p – b; s – z; t – d 11 Avşa and Tekirdağ are proper nouns. Fabrika and halk are not. 12 a sağ and yaya b At the right turning, give way to pedestrians.

Unit 4

Questions 1 hayır 2 hayır 3 yeşil 4 kırk milyon
Exercises 1 a yazıyorum b oturuyorum c içiyorum d geçiyor e gidiyorum f istiyorum 2 d, b, h, i, g, c, e, a, f 3 a Ekmekçi ekmek pişiriyor. b Kitapçı kitapları satıyor. c Halıcı kilimleri satıyor. d Futbolcu spor yapıyor. e Müzisyen piyano çalıyor. 4 a Hayır. b Sıraselviler Caddesi. c İstiklal Caddesi. d Taksim Meydanı'na. 5 a Bu restoranın yemekleri tatsız. b Finlandiya'nın başkenti Helsinki. c Bu odanın tuvaleti kirli. d İstanbul'un yolları kalabalık. e Kızımın saçları sarı. f Amerikalıların dili İngilizce. 6 a Timur b Ahmet'in c Didem d Timur e Süleyman f iki g evet h üç i hayır j Süleyman 7 Yedi kişi – Ayşe, Timur. İlknur, Nilgün, Necla, Pınar ve Didem. 8 a ii b viii c iv d iii e vii f v g vi h i 9 bira, cacık, ekmek, kavun, patlıcan, salata, su, süt, şarap, yumurta

Unit 5

Questions 1 doğru 2 doğru 3 doğru 4 yanlış
Exercises 1 a vii b vi c ii d iii e iv f v g i h x i viii j ix 2 a Türk kahvesi b domates çorbası c Hilton Oteli d otobüs durağı e fotoğraf makinesi f müzik kaseti 3 a David'in b yemeğim c İrlanda'nın d Annesi e arabanız 4 a i and ii b ii c ii and iii d all e ii and iii f ii 5 a Çöp kutusu b çöpler c the s and n in kutusuna d Throw rubbish into the rubbish bin. 6 a vi b ii c i d v e iii f iv 7 Three – Kültür Bakanlığı, Efes Müzesi and giriş bileti. There are also two sets of initials which stand for compound nouns: TC=Türk Cumhuriyeti, and TL=Türk Lirası. 8 a saat sekizde b yedi buçukta c bir saat d saat dokuzda e saat yarım f iki saat g saat üç 9 a Yusuf'u b Nilgün c Hakan d Yusuf'a e Yusuf f Hakan'dan ve Nilgün'den 10 a ii b iv c vi d i e vii f iii g v

Unit 6

Questions 1 Restorana gidiyorlar. 2 Çünkü erken yatmak istiyor. 3 Dolmuşla 4 Otogarda, danışma bürosunun önünde.

Exercises 1   a hayır b evet c evet d evet e hayır f Şemsiyenin üstünde
g Şemsiyenin arkasına h evet i Gazete ve kitabın yanında j kova ile
kremin arasında 2   a ii b iii c iv d i 3   a i b v c vii d iii e ii f iv g ix
h vi i viii 4   a yanlış b yanlış c doğru d doğru e yanlış 5   a Üçü on
geçiyor. b Bire yirmibeş kala. c Onikiyi çeyrek geçe. d Dörde çeyrek
var. e Onikiyi çeyrek geçe. f Altıya beş var. g Yediyi beş geçe. h Onbiri
çeyrek geçiyor. i Onikiyi yirmibeş geçiyor. j İkiye yirmi kala. 6   a altı
b bir saat kırk dakika c evet d onikiyi on geçe e bire on kala f iki saat
onbeş dakika g Saat üçe çeyrek kala h saat sekizde ve saat biri yirmi
geçe i saat altıya çeyrek kala 7   Erol: a, c, f, h, j, k. Gonca: b, d, e, g,
i 8   a vii b iii c ii d v e vi f i g iv 9   a kardeşimle b uçakla c Londralı
d onunla e arabayla f yağmurlu g bizimle 10   pazartesi, salı,
çarşamba, perşembe, cuma, cumartesi, pazar

Unit 7
Questions 1   doğru 2   doğru 3   yanlış 4   yanlış
Exercises 1   a iii b iv c i d ii e v 2   a kapalıdır b yasaktır c yoktur
d geçerlidir e çıkışıdır f bozuktur g değildir 3   a vi b i c ii d iv e iii f vii
g v h viii 4   Hasta her ay doktora gider. Bir ay doktor onu muayene
ederek 'Bugün öksürüğünüz çok iyi' der. Hasta şöyle cevap verir:
'Tabii iyi olur doktor bey. Bütün geçe sabaha kadar pratik yaptım.'
5   a vi b iv c ii d i e v f iii 6   a anahtarı b müzikten c erkeğe d polise
e köpeğe fAllaha g çocuğa h mektubu i otobüsten j karıncaya k müziği
l yemekten m pencereyi n gemiye o hiçbir şeyden 7   a vii b v c i d ii
e iv f iii g vi 8   a no, yes b yes, yes c yes, no d no, no e no, yes f no,
yes g no, yes h no, yes i yes, no j yes, yes k no, yes l no, yes 9   a viii
b vi c ii d vii e ix f i g iii h v i iv

Unit 8
Questions 1   doğru 2   yanlış 3   yanlış 4   doğru
Exercises 1   a hayır b Ermenice c hayır 2   a iv b i c iii d v e ii
3   a Evet b Deniz sulu c Evet d Çınar Oteli e Pansiyon Berlin
f Pansiyon Berlin g Osmanlı Oteli'nde h Çınar Oteli'nin i Çınar ve
Berlin j Çınar ve Osmanlı k Çınar ve Osmanlı l Çınar Oteli'nde
m Osmanlı Oteli'nin n Tenis ve yüzme o Siz bilirsiniz! 4   a ii b iii c iv
d vi e i f v 5   a v b iv c ii d i e iii 6   a doğru b yanlış c doğru d yanlış
e doğru f yanlış g yanlış h yanlış i doğru j yanlış 7   a Hayır,
edemezsiniz. b Evet, edebilirsiniz. c Hayır, edemezsiniz. d Hayır,
edemezsiniz. 8   a arasın b beklesinler c gitsinler d gidemem e gitsin
f getireyim g olmasın 9   a doğru b doğru c yanlış – kesinlikle görecek
d yanlış e yanlış – kesinlikle görecek f doğru g doğru h yanlış –
kesinlikle bazı tarihi yerleri görecek (Kapadokya, Aspendos, Dalyan,
Side, Bergama, Selçuk, İstanbul) 10   a USA, American b Asia, Asian
c Bosnia, Bosnian d Bulgaria, Bulgarian e China, Chinese f Wales,
Welsh g South Africa, South African h India, Indian, i Cyprus, Cypriot
j New Zealand, New Zealander

Unit 9

Questions 1 yanlış 2 doğru 3 doğru 4 doğru
Exercises 1 a v b i c iv d iii e ii f viii g vi h ix i x j vii
2 a inmek b gitmeyi c yemeyi d yapmaktan e görmekten f görmemeye
g sürmeyi h gülmeye i içmeyi j etmekten 3 **çalışma günleri:** a, b, d, i,
j; **hafta sonu:** c, e, f, g, h 4 a Gitmem gerekmez. b Gitmemeliyim.
c Seyretmesi gerekmez. d Durmamalıyız. e Sormanız gerekmez
beyefendi. f Onların ödemesi gerekmez. 5 c, h, d, a, e, b, g, f
6 a vi b ix c vii d ii e v f x g iv h iii i i j viii 7 **sıcaklık:** a, c, d, e, h,
i; **cami:** b, f, g, j 8 a vii b viii c i d x e iii f ix g ii h iv i v j vi 9 a i
b i and ii c ii and iii d iii e i and ii f i or ii g ii 10 a v – waiting room
b iii – pull-out bed c ii – fountain pen d vi – time to go
e iv – reading week f i – removable denture

Unit 10

Questions 1 Çünkü çok fazla güneşte kaldı. 2 Aspirin ve merhem.
3 İshali var. 4 Hiçbir şey.
Exercises 1 a iii b vi c i d v e ii f iv 2 a yatarım b olursa c görürüz
d seversen e alırım 3 a Eldiveni elinize giyersiniz. b Gözlüğü
gözlerinize takarsınız. c Ceketi sırtınıza giyersiniz. d Küpeyi kulağınıza
takarsınız. e Kaşkolu boynunuza sararsınız. f Külotlu çorabı bacağınıza
giyersiniz. g Ruju dudağınıza sürersiniz. h Saati bileğinize takarsınız.
i Şapkayı başınıza giyersiniz. j Yüzüğü parmağınıza takarsınız.
4 a eczaneye b eczaneye c acil servise d hiçbirşey yapmam e ya
doktora ya acil servisine giderim f hiçbirşey yapmam g hiçbirşey
yapmam h ya eczaneye ya doktora i doktora giderim j hiçbirşey
yapmam 5 gömlek, mayo, tişört, şort, palto, çorap, bluz, ayakkabı,
kravat, takım 6 a altmışbeşbin + K. D. V. b hiçbir şey c üç d kuzu şiş
veya köfte e karışık ızgara 7 a Ali kadar b sizin kadar c yarına kadar
d bu kadar e sonuna kadar f onlar kadar 8 ayak, popo, göbek, göğüs,
ağız, burun, kafa 9 a vii b vi c v d iii e ii f i g x h iv i ix j viii

Unit 11

Questions 1 üç 2 hayır 3 hayır 4 Parasını geri almak istiyor.
Exercises 1 Üç yalan söyledi. 2 a iv b i c vi d ii e vii f iii g v
3 a kalktıktan b yaptıktan c binmeden d otururken e gelince
f çalışırken g yedikten h dolaşırken i çıkmadan j giderken or gidince
4 a iii b iv c v d viii e ii f vii g vi h i 5 a çalmış b demiş c vermiş
d demiş e başlamış f demiş g vermiş. 6 Öğleden sonra annem telefon
etti. Bu akşam otobüsle geliyormuş. Üç gün bizimle kalacakmış.
Otogardan alacaksın. Varan şirketinin ofisinde saat yedi buçukta
olacakmış. Ben çarşıya gidiyorum. Akşam yemeğimizi annemle
yiyeceğiz. Gitmeden önce lütfen evi topla biraz. Serpil. 7 ocak, şubat,
mart, nisan, mayıs, haziran, temmuz, ağustos, eylül, ekim, kasım,
aralık

Unit 12

Questions   1   doğru 2   yanlış 3   doğru 4   doğru

Exercises   1   a These are the styles we like the most. b I don't know what I'll do/what to do. c The news you gave me isn't at all interesting. d What's the name of the wine we're drinking? e The man you're going to meet is the director of the firm. f The woman we helped yesterday is getting better now. g The people Ayşe mentioned have come. h Who's the man you hit? i The piece the orchestra will play tomorrow is Beethoven's fifth symphony. j The girl he was in love with didn't like him. 2   a oturduğum b sevdiği c bineceğimiz d gönderdiğin e geçen f kırdığın g gönderdiği h istediği i yiyen j çizdiği 3   a iv b viii c v d vii e i f iii g vi h ii 4   a bambaşka b bembeyaz c bomboş d dümdüz e kapkara f masmavi g sapsarı h simsiyah i tertemiz j yemyeşil 5   Şarlo (Charles Chaplin) 6   a Çarşıya gidip alışveriş yapıyorum. b Bana mektup yazıp teşekkür etti. c Lokantaya gidip şiş kebabı/şiş kebap yiyelim. d Evde kalıp ders çalışmalıyım. e Saat beşte gelip tatil fotoğrafları getirecekmiş. f Eve gidip dinlensin. g Susup oturur musunuz? h Bu yolun sonuna kadar gidip sağa sapın. i Başbakan Antalya'ya gidip söylev vermiştir. 7   a Pick, mix, take as much as you want. b a sweet shop

Unit 13

Questions   1   Çünkü cüzdanını kaybetti. 2   Eşyalarının yanında oturan bir erkek gördü. 3   Çünkü otelden çıktıktan sonra cüzdanını kullandı. 4   Sally erkeğin nereli olduğunu söyleyemiyor.

Exercises   1   a v b i c ii d vi e vii f viii g iii h iv. The murderer was either the cook or the person doing the washing up as their statements contradict each other. 2   a 'Bu çanta deri' b 'Fikret üniversiteye gidecek' c 'Bu yemek yağlı' d 'Gül seni deli gibi seviyor.' e 'Isı otuz derece olacak.' f 'Yarın işim var' g 'Dün partiye gittik.' 3   a v b iv c ii d i e iii 4   a Akrep (23 Ekim – 21 Kasım) b Yay (22 Kasım – 21 Aralık) c Oğlak (22 Aralık – 21 Ocak) d Kova (22 Ocak – 19 Şubat) e Balık (20 Şubat – 20 Mart) f Koç (21 Mart – 20 Nisan) g Boğa (21 Nisan – 21 Mayıs) h İkizler (22 Mayıs – 22 Haziran) i Yengeç (23 Haziran – 22 Temmuz) j Aslan (23 Temmuz – 22 Ağustos) k Başak (23 Ağustos – 22 Eylül) l Terazi (23 Eylül – 22 Ekim) 5   a olduğunu b oturduğumu c yaptığımı d sürdüğümden e olduğunu 6   a halde b için c kadar d gibi e -dan başka f zaman 7   a iii b i c ii d iv 8   Try before you buy. Literally: Try every wine you're going to buy and then buy.

Unit 14

Questions   1   doğru 2   doğru 3   yanlış 4   doğru

Exercises   1   a otururdu b yapmazdı c seyrederdi d alırdı e kavga etmezdi f otururdu g ziyaret ederdi h giderdi i yerdi j ütülerdi 2   a v b ii c i d iii e iv 3   a Mayıs b Bayram olduğu için belki boş oda kalmayacak. c Çok fazla çalışıyor ve boş zamanı yok. d İki ay sonra.

4 a Ali ve Canan bakıştlar. *or* Ali ve Canan birbirilerine baktılar. **b** Birbirimize yardım edebiliriz. **c** Ali ve Canan görüşemediler. *or* Ali ve Canan birbirlerini göremediler. **d** Bağırıştık. *or* Birbirimize bağırdık. Birbirimizden korkuyoruz. **f** Ali ve Canan birbirlerinin zayıflıkarını anlıyorlar. **g** Birbirimize ihtiyacımız var. **5 a** pişirmeyi **b** korkutuyor **c** içirdi **d** çıktı **e** çalışmıyor **f** kaçtı **g** yetiştirmek **h** öldü **i** değiştirir misiniz? **j** uyandım. **6 a** yanlış **b** doğru **c** doğru **d** doğru **e** doğru

Unit 15

Questions 1 doğru 2 doğru 3 doğru 4 yanlış
Exercises 1 **a** çalındı **b** uyandırıldım **c** değiştirilir(ler) **d** keşfedildi **e** öğrenilir **f** satılır **g** kapanır **h** oynanır **i** gösterilir **j** yapılır. **2 a** Atatürk **b** Avustralyalı, Yeni Zelandalı, İngiliz ve Fransız müttefiklere karşı **c** Mimar Sinan **d** Atatürk **e** Fatih Sultan Mehmet **3 a** Take-away service available **b** Parasols for sale and for rent **c** Don't wash your feet **d** Watch batteries fitted **e** Posters not to be stuck here **f** This building's conversion to natural gas was done by 'Lightning Engineering'. **4 a** ii **b** iv **c** v **d** i **e** iii **f** vi **5** Londra **6 a** x **b** i **c** vii **d** vi **e** v **f** viii **g** iv **h** iii **i** ii **j** ix **7** Literally: It is requested that passengers wishing to buy a concessionary ticket show their concession cards. (What a mouthful!)

Unit 16

Questions 1 yanlış 2 doğru 3 yanlış 4 doğru
Exercises 1 **a** ii **b** iv **c** v **d** iii **e** i **2 a** doğsaydım *or* olsaydım **b** davransaydım **c** olsaydı **d** evlenmeseydim **e** seyretmeseydim **f** seçseydim **g** dinleseydim **h** konuşabilseydim **3** If your answers are mostly **i**: You can't discuss things with others. Don't be afraid of expressing yourself and exchanging ideas – your happiness relies on it! If your answers are mostly (ii): Beware of nervous breakdowns! You expect too much of others. Is this because you are an idealist or just touchy? Things will only get better if you try to find out why. If your answers are mostly (iii): You are angry with yourself. Learn to love yourself more – no-one else thinks as badly of you as you do! If your answers are mostly (iv): You get on well with others but routine bores you. Use your wit and sensitivity to maintain your own interest in life as well as serving others. **4 a** iii **b** viii **c** i **d** iv **e** ii **f** v **g** vi **h** vii **5 a** doğru **b** yanlış **c** doğru **d** doğru **e** yanlış **6 a** 9 **b** 4 **c** 11 **d** 3 **e** 5 **f** 10 **g** 12 **h** 6 **i** 1 **j** 8

key to the progress test

Numbers in [square brackets] are page references.

Turkish–English

1 A (loaf of) bread, please [25]
2 How much altogether? [10]
3 Are we ready? [15]
4 Telephone number 560 72 91 [21]
5 What vegetarian food is there? [27]
6 Have you any money on you? [30]
7 Don't stay in the sun! [33]
8 From the guest house, go right. Turn left. Go to the square. At the square, turn left. Look to the left. [34]
9 I don't smoke. [40]
10 This evening Timur's family are going to a luxurious restaurant. [52]
11 Have you ever drunk *rakı*? [59]
12 Is it beer you're bringing me? [62]
13 Cenk, Hans and I are going to meet at eight o'clock at the bus station? [69]
14 Would you like some tea? [90]
15 Who's the woman who's smiling? [91]
16 I'm speaking as a friend. [92]
17 Will you be able to come? [103]
18 OK, let's be off. [105]
19 Look at the flowers on the table. [106]
20 I can speak French but can't write it. [109]
21 He'll definitely not stop in Izmir. [113]
22 I don't try to write when I'm in Istanbul. [116]
23 This is a drinking water fountain. [119]
24 You must stop smoking. [122]
25 If he's going to the shop, ask him to get a litre of cola. [134]

26 There is no shaving cream left. [142]
27 He had breakfast without reading the paper. [150]
28 They went to Ali's family at Bayram, apparently. [152]
29 This evening I'm going to have a bath and wash my hair. [163]
30 Your mother's cooking dinner. [169]
31 When I came home you'd gone. [173]
32 The situation's not as bad as you say. [179]
33 In the past they used to work a lot. [185]
34 Whilst you were talking did you mention me? [194]
35 Posters are not allowed. (literally: Posters are not to be stuck here.) [206]
36 Since 2001 I've worked for a large marketing department. [208]
37 I'll order you a coffee. [209]
38 What would you do in my position? [215]
39 How to get there. Where to stay. [223]
40 As soon as I get to work the telephone starts ringing! [216]

English–Turkish

41 Çok ayıp! [xviii]
42 Taze süt var mı? [10]
43 Açık mısınız? [15]
44 Türkçem iyi. [20]
45 İki kişilik bir masa lütfen. [25]
46 Beyaz bluzu giy. [30]
47 Masada ne var? [29]
48 Şimdi kahve istiyorum. [38]
49 Odanın banyosu var mı? [47]
50 Geç kaldım. Affedersiniz. [55]
51 Bebek için hediye aldım. [61]
52 Nerede oturuyorsunuz? [63]
53 Onikiye yirmibeş var. [77]
54 Kimin tarafındasınız? [76]
55 Masanın ortasına koy. [76]
56 Yarın Pamukkale'ye gidecek. [83]
57 Pencereyi kapatır mısınız lütfen? [98]
58 Türkiye, İngiltere'den daha ucuz. [104]
59 Yardım edeyim mi? [105]
60 Kaç dil konuşabiliyorsun? [109]
61 Fiyat listesini isteyelim. [114]
62 Konuşmak istiyorum. [118]
63 Uçmaktan korkuyorum. [120]
64 Acele etmeliyiz. [124]

65 Problem varsa bana haber ver. [135]
66 Tatile ihtiyacım var. [136]
67 Sizce otelin restoranı birinci sınıfmış. [145]
68 İstanbul'a gelince doğru otelimize gittik. [149]
69 Yarım saat bekledikten sonra eve döndüm. [150]
70 Ne yapacağımı bilmiyorum. [164]
71 Saçlarınızı değiştirdiniz. [188]
72 Yarın görüşürüz. [189]
73 Birbirimizi seviyoruz. [189]
74 Kaldığınız pansiyon nasıl? [192]
75 Kahvaltı verilir. [201]
76 Bu akşam ders çalışacaktım, ama şimdi dışarı çıkıyorum. [201]
77 Bu resim benim tarafımdan çizildi. [200]
78 Türk televiziyonunda çok Amerikan dizisi gösterilir. [205]
79 Keşke daha akıllı olsaydım. [218]
80 Halini görseydin gülerdin. [224]

Progress tests: how did you do?

Less than 50%   Stick at it. It will come.
More than 50%   You're doing fine.
More than 90%   *Mükemmel!*

However you have perfomed in this progress test, you will need to unleash your Turkish on the wider world in order to truly assess your proficiency in the four basic skills of reading, writing, speaking and listening.

This book has taken you through much of the Turkish language at quite a pace. From here on in it is practice and consolidation. It wouldn't hurt to take a step back and work through a rival textbook, but above all, now is the time to put your Turkish into practice. And for that you need someone to talk to!

On David's first visit to Turkey he was in the tourist-filled Sultanahmet district of Istanbul, when a young Turkish man came up and asked in English, 'What's the time?' He listened intently to the answer, and nodded happily. Then David spoiled things by asking for some directions in English. The man looked back in shock.

'Sorry. My English not good,' he apologized. He then shrugged, turning the palms of his hands outwards, and explained: 'Lesson Three – "What's the Time".'

He had the right idea. You can bet his English is excellent nowadays.

Grammar reference

Vowel harmony

e-type endings

For e-type endings, use this rule:

| e | goes after | e i ö ü |
| a | goes after | a ı o u |

The following are e-type endings:

-e	*to, for*
-den	*from*
-de	*at, on, in*
-le	*by, with, using*
-ce	*according to*

i-type endings

For i-type endings, use this rule:

i	goes after	e i
ı	goes after	a ı
ü	goes after	ö ü
u	goes after	o u

Here are some common i-type endings:

-ci	denotes a person or occupation
-li	*with, containing*
-lik	*-ness*
-siz	*without*

For those who are curious, below is an explanation of why Turkish uses the above rules:

You make different vowel sounds by a combination of three factors:

- raising your tongue (at the back or the front of the mouth);
- leaving a different amount of space between your tongue and the top of your mouth (open or closed);
- rounding your lips or not.

This table shows which of the three factors each Turkish vowel uses.

	Unrounded		Rounded	
	Open	Closed	Open	Closed
Front	e	i	ö	ü
Back	a	ı	o	u

From this table you can work out that:

- the e endings harmonize according to whether the preceding vowel is front or back;
- the i endings harmonize according to whether the preceding vowel is front or back *and* whether it's rounded or unrounded.

Word order

The verb usually goes at the end of a sentence. The basic word order in Turkish is therefore *the woman the book read* (subject-object-verb). For example:

Kadın kitabı okudu.   *The woman read the book.*

This word order is not written in stone. It is flexible. *You can alter the order to emphasize a particular element.* You put the element you want to emphasize directly in front of the verb. If you want to stress that it was the woman (as opposed to the man) who read the book, you can say:

Kitabı kadın okudu.   *The **woman** read the book quickly.*

As a rule of thumb, you place adjectives and adverbs directly in front of the elements which they describe. So you put the word *big* (**büyük**) in front of the woman if the woman is big, and in front of the book if the book is big:

Büyük kadın kitabı okudu.   literally *The big woman the book read.*

Kadın büyük kitabı okudu.   literally *The woman the big book read.*

You put adverbs (for example, *quickly*) in front of the verb as they tell us more about that verb.

Kadın kitabı çabuk okudu.   literally *The Woman the book quickly read.*

If there is more than one adverb in a sentence, those which tell us *when* usually go before those which tell us *how* or *why*.

Stress

When listening to Turkish you may not always notice where a word is stressed, as stress is very light. As a crude rule of thumb, you stress the last syllable of a word.

The exceptions to this rule are:

* names of places (for example, **Lon**dra, **İst**anbul, **An**kara);
* adverbs (for example, **son**ra, **şim**di);
* some foreign loan words;
* where the last syllable is a form of the verb *to be*.

Note the stress in the following words:

öğretmen**im**	*my teacher*
öğret**men**im	*I'm a teacher*

Verb forms

yapmak	*to do*	Unit 3
yap	*do! (informal)*	Unit 3
yapın, yapınız	*do! (formal)*	Unit 3
yapıyorum	*I'm doing*	Unit 4
yaptım	*I did/have done*	Unit 5
yapacağım	*I'll do*	Unit 6
yaparım	*I do, I intend to do*	Unit 7
yapar mısınız?	*would you do?*	Unit 7
yapabilirim	*I can do, I may do*	Unit 8
yapmalıyım	*I must do*	Unit 9
yapmam lazım	*I have to do*	Unit 9
yapardım	*I used to do, I would do*	Unit 14
yapıyordum	*I was doing*	Unit 13
yapmıştım	*I had done*	Unit 13
yapacaktım	*I was going to do*	Unit 15
yaptırıyorum	*I'm having it done*	Unit 14

yapılıyorum	*I'm being done*	Unit 15
yapmışım	*apparently I do/I did*	Unit 11
yapıp gittim	*I did it and I went*	Unit 12
yapmak istiyorum	*I want to do*	Unit 4
yapmayı seviyorum	*I like to do*	Unit 9
yapayım	*let me do*	Unit 8
yapalım	*let's do*	Unit 8
yapsın	*let him do, he should do*	Unit 8
eğer yaparsam, yaparım	*If I do it, I'll do it*	Unit 10
eğer yapsaydım, yapardım	*If I did it, I'd do it*	Unit 16
yaparak	*by doing*	Unit 7
yaparken	*whilst doing*	Unit 11
yapınca	*on doing, when I do/did*	Unit 11
yaptıktan sonra	*after doing*	Unit 11
yapmadan önce	*before doing*	Unit 11
yapmadan	*without doing*	Unit 11
yapar yapmaz	*as soon as I do/did it*	Unit 16
yapan	*the one who's doing/who did*	Unit 7
yapacak	*the one who'll do*	Unit 12
yaptığım	*the one which I did*	Unit 12
yapacağım	*the one which I'll do*	Unit 12

Turkish–English glossary

abi *'big brother'*
abone *subscriber, subscription*
acaba *I wonder*
acele *hurry*
acele etmek *to hurry*
acil *emergency*
açık *open, light-coloured*
acılı *a spicy starter* (literally *spicy*)
açılmak *to be opened*
açmak *to open*
ad *name*
ada *island*
adam *man*
Adana kebap *spicy grilled mincemeat*
adet *unit, piece*
adım *footstep*
adım adım *step by step*
affedersiniz *I'm sorry, excuse me*

afiyet olsun *bon appétit*
ağız *mouth*
ağlamak *to cry*
ağrı *ache, pain*
ağrımak *to hurt, to ache*
ağustos *August*
ahır *stable*
aile *family*
akmak *to run, to seep*
akşam *evening*
alev *flame, flare*
alışveriş *shopping*
alkol *alcohol*
Allah Allah! *my goodness!*
Allah aşkına *for heaven's sake*
Allah korusun *may God protect*
Allaha şükür *thank God*
Allahaısmarladık *goodbye* (when leaving someone else's house)

Allahtan *luckily, fortunately*
almak *to take, to buy, to receive, to get*
Alman *German*
alt *bottom*
altı *six*
altın *gold*
altmış *60*
ama *but*
amca *uncle*
anahtar *key*
anavatan *home country, motherland*
anırmak *to bray*
anlamak *to understand*
anlaşma *contract, agreement*
anlaşmak *to agree*
anlatmak *to explain*
anne *mother*
anneanne *grandmother* (mother's mother)
annemler *my mother's family*
apartman *apartment, flat*
aptal *silly, stupid*
araba *car*
Aralık *december*
aramak *to telephone, to seek*
arıza *breakdown, defect*
arka *back*
arkadaş *friend*
artık *now, at last, from now on*
artmak *to increase*
arzu etmek *to want, wish, desire*
asker *soldier*
aşağıda *below, downstairs*
aşçı *cook*
aşık olmak *to be in love with*
aşırı *extreme*
aşkolsun *shame on you*
at *horse*
ateş *heat, temperature*
atlamak *to jump*
atmak *to throw*
Avrupa *Europe*
Avşa *an island in the Marmara Sea*
ayak *foot*
ayakkabı *shoe*
ayna *mirror*

aynı *the same*
ayran *a salted yoghurt drink*
ayrıca *in addition, moreover*
ayrılmak *to leave*
az *little*

baba *father*
bacak *leg*
bağımsız *independent*
bağırmak *to cry out, to shout*
bahçe *garden*
bahsetmek (-den) *to discuss, to mention*
bakanlık *ministry*
baklava *a sweet pastry*
bakmak *to look*
bakmak (-e) *to look after*
bardak *glass*
basmak (-e) *to tread on, squash*
baş *head*
başarı *success*
başbakan *prime minister*
başı dönmek *to feel faint, to go dizzy*
başka *other, different, else*
başkası *someone else*
başkent *capital city*
başla *start*
başlamak *to start*
batmak *to sink*
bay *male*
Bay *Mr.*
bayağı *quite*
bayan *female*
Bayan *Mrs., Miss, Ms*
bayılmak (-e) *to love doing something, to faint at*
bayram *public holiday*
bazen *sometimes*
bazı *some*
becermek *to manage to do, to carry out successfully*
beğenmek *to like*
bekâr *batchelor*
beklemek *to wait*
belki *maybe*
ben *I*
bence *in my opinion*
beraber *together*

berbat *terrible*
berber *barber*
beri (-den) *since*
beş *five*
beyaz *white*
beyefendi *Sir*
bıkmak (-den) *to get fed up of*
bırakmak *to stop, to give up, to leave something*
bıyık *moustache*
biber *pepper*
biftek *steak*
bildirmek *to inform, annouce*
bildirmek (-e) *to let someone know*
bile *even*
bilmek *to know*
bin *thousand*
bina *building*
binmek (-e) *to get into/onto (a vehicle)*
bir *one, a, an*
bira *beer*
birahane *pub*
biraz *a little*
birbiri *each other*
biri *someone*
birinci *first*
birkaç *a few*
birlikte (ile) *together with*
bitirmek *to finish (something)*
bitmek *to come to an end*
biz *we*
blucin *blue jeans*
Boğaz *the Bosphorus*
boğaz *throat*
borç *debt*
boş *free, empty, vacant*
boşanmak *to get divorced*
boyacı *shoeshine boy*
boyamak *to polish shoes, to paint*
boyun *neck*
bozuk *broken, small change*
bozuk para *small change*
bölüm *department*
börek *pastry*
böyle *like this*
bu *this*
buçuk *half*
bugün *today*

bugünlerde *nowadays*
bulaşık *dirty dishes*
bulmak *to find*
buluşmak (ile) *to meet, to rendezvous*
bunun için *because of this, therefore*
burası *here, this place*
burun *nose*
bu seferlik *just this once*
buyurun *here you are*
buz *ice*
büfe *food stand*
büro *office*
bütün *whole, all*
büyük *big*
büyükbaba *grandfather* (father's father)
büyümek *to grow*
büyütmek *to bring up, to rear*

cacık *tsatsiki*
cadde *street, avenue*
cami *mosque*
canım *darling*
cesaretli *brave*
cevap *answer*
cevap vermek *to reply*
ciddi *serious*
cin *gin*
cömert *generous*
cuma *Friday*
cumartesi *Saturday*
cumhuriyet *republic*
cüzdan *purse, wallet*

çabuk *quick, quickly*
çağdaş *contemporary*
çağırmak *to call*
çakmak *to hammer, to strike, to cotton on to what's happening*
çalışkan *hard-working*
çalışmak *to work*
çalışmak (-e) *to try to*
çalmak *to play an instrument, to ring, to steal*
çamur *mud*
çarpmak (-e) *to hit, to knock, to beat*
çarşaf *sheet*

çarşamba *Wednesday*
çarşı *shopping centre, market*
çay *tea*
çekmek *to pull*
çerez *nibbles* (usually roasted nuts and chickpeas)
çeşit *type*
çevre *surroundings, environment*
çıkar(t)mak *to take out, to take off clothes*
çıkış *exit*
çıkmak *to go out, to come out, to crop up*
çınlamak *to ring*
çıplak *naked*
çiçek *flower*
çiçekçi *flower seller*
çimen *grass*
Çin *China, Chinese*
Çingene *gypsy*
çirkin *ugly*
çizmek *to draw*
çocuk *child, lad*
çoğu *most*
çok *very*
çorap *sock*
çöp *rubbish*
çorba *soup*

daha *more*
dağ *mountain*
daire *flat, apartment, circle*
dakik *punctual*
dakika, dakka *minute*
dalga *wave*
danışma *advice, information*
davet etmek *to invite*
davranmak *to behave, to act*
davranmak (-e) *to treat, handle*
de *also, too*
defa *time, occasion*
değil *not*
değişken *changeable*
değişmek *to change*
değişmez *stable, unchanging*
deli *mad, crazy*
demek *to say*
deniz *sea*
derece *degree*
dernek *association, society*

ders *lesson, subject*
ders çalışmak *to study (for a course)*
despot *despot, despotic*
devam etmek *to continue, to go on*
devamlı *constant, continuous*
dışarda *outside*
diğer *other*
dikkatli *careful*
dil *language, tongue*
dilek *wish*
dilemek *to wish*
dindar *religious*
dinlemek *to listen, to listen to*
dinlenmek *to relax*
dinozor *dinosaur*
diş *tooth*
dizi *series*
doğa *nature*
doğal *natural*
doğmak *to be born*
doğru *true*
doğrusu *truly, really*
doğum *birth*
doksan *90*
dokuz *nine*
dolap *cupboard*
dolmuş *shared taxi*
dolu *full*
domates *tomato*
dondurma *ice-cream*
dost *friend, friendly*
dönem *period of time*
döner kebap *grilled lamb slices*
dönmek *to turn, to return*
dönüş *turning, return*
dört *four*
dört gözle beklemek *to look forward to*
dövmek *to crush, to beat*
dövülmüş *crushed, beaten*
duble *a double-sized drink*
dudak *lip*
durak *stop*
durmak *to stay, stop, remain*
durum *situation*
duş *shower*
duygulu *emotional*

düdük *beep*
dükkan *shop*
dün *yesterday*
dünya *world*
düşmek *to fall*
düşünmek *to think*
düşürmek *to drop*
düz *straight*
düzenli *tidy*

eczacı *pharmacist*
eczane *chemist's*
efendim *Sir, Madam, pardon?*
Efes *Ephesus*
eğer *if*
eğlenmek *to enjoy*
ekim *October*
ekmek *bread*
el *hand*
elbise *clothes, dress*
elde etmek *to obtain, to achieve*
eldiven *gloves*
elektrikçi *electrician*
elli *50*
emin *sure, certain*
emlak *real estate, property*
en *most*
en son *last, final*
en sonunda *finally, in the end*
endişeli *anxious, worried,
    concerned*
erkek *man, male*
erken *early*
Ermeni *Armenian*
ertesi *after*
ertesi gün *the following day*
eski *old*
eskiden *formerly, in the past*
esmer *olive-skinned*
esprili *witty*
eş *husband or wife (spouse)*
eşek *donkey*
eşyalar *things, belongings*
et *meat*
ev *home*
ev hanımı *housewife*
evlenmek (ile) *to get married (to)*
evli *married*
evvelki *previous*

evvelki gün *the day before
    yesterday*
eylül *September*
eyvah *good grief*

fabrika *factory*
fakat *however*
falan *roughly, ... or so*
fark *difference*
fark etmek *to notice, to make a
    difference*
fark etmez *never mind*
fazla *too, too much*
felaket *disaster*
fena *bad*
fethetmek *to conquer*
fırçalamak *to brush*
fikir *idea*
filan falan *and so on*
fincan *cup*
fiş *official VAT receipt*
fiyat *price*
fon *background, setting*
Fransız *French (people)*
futbol *football*

galiba *presumably, I think*
garson *waiter*
gazete *newspaper*
gece *night*
geç *late*
geç kalmak *to be late*
geçerli *valid*
geçimli *easy to get on with*
geçimsiz *difficult to get on with*
geçinmek *to get by, to get on*
geçirmek *to spend (time)*
geçmek (-den) *to pass (over)*
gelecek *the future*
geliş *arrival*
gelişmek *to develop*
gelmek *to come*
gemi *boat*
genç *young*
gençlik *youth*
gene *again, still*
genelde *generally*
genellikle *generally*
gerçek *real, true*
gerçekleşmek *to come true*

gerçekleştirmek *to realize, to make come true*
gerek *necessity, need*
gerekli *necessary, needed*
gerekmek *to be necessary*
geri *back*
getirmek *to bring*
gezmek *to tour, walk/travel around*
gibi *like, similar to*
gidermek *to remove, to get rid of*
gidiş *departure*
gidiş-dönüş *round trip, return*
girgin *sociable*
giriş *entry*
gitmek *to go*
giyinmek *to get dressed*
giymek *to wear, to put on*
giysiler *clothes*
göbek *belly*
göğüs *breast, chest*
gölge *shadow*
gömlek *shirt*
görev *duty, obligation*
görevli *employee*
görmek *to see*
görünmek *to look, to appear*
görünmez *unforeseen, invisible*
görüşmek *to see one another*
göstermek *to show*
götürmek *to take, to transport, to carry (away)*
göz *eye*
gözlük *glasses*
grip *flu*
grup *group*
güldürmek *to make someone laugh*
gülmek *to smile, to laugh*
gümüş *silver*
gün *day*
güneş *sun*
güneşlenmiş *suntanned*
güney *south*
günlük *daily*
günün birinde *one day*
gürültü *noise*
güven *trust*
güzel *nice, beautiful*

güzellik *beauty*

haber *news*
haber vermek (-e) *to inform, tell (someone)*
hadi *right, come on*
hafıza *memory*
hafta *week*
hakkında *about, on the subject of*
hal *state, condition*
hâlâ *still, yet*
halı *carpet*
halk *people, 'folk'*
hamam *Turkish bath*
han *large commercial building, inn*
hangi *which*
hanımefendi *Madam*
hariç *except*
hassas *sensitive*
hasta *ill, an ill person*
hastalanmak *to become ill*
hat *line*
hatırlamak *to remember*
hatırlatmak (-e) *to remind (someone)*
hava *weather, air*
havalimanı *airport*
havuç *carrot*
hayal *imagination*
hayret *surprise, surprising*
hazır *ready, ready-made*
haziran *June*
hediye *present*
hem de nasıl! *and how!*
hem ... hem ... *both ... and ...*
hemen *straight away*
hemen hemen *almost*
hemen şimdi *just now, just*
hemşire *nurse*
henüz *still, not yet*
hep *all*
hepimiz *all of us*
hepsi *all of it, everyone, everything*
her zaman *always*
herhalde *certainly, for sure*
hesap *bill*
hesaplamak *to calculate*

heyecanlı *excitable, passionate*
heykel *statue*
hırsız *thief*
hızlı *quick, quickly*
hiç *any, at all*
hiçbir şey *nothing*
hikâye *story*
Hint *Indian, Hindi*
hissetmek *to feel*
Hollandalı *Dutch* (people)
hoş *pleasant, nice*
hoşlanmak (-den) *to enjoy*
huysuz *bad-tempered*

Irak *Iraq*
ısı *temperature*
ışık *light*
ısınmak *to warm up*
ısmarlamak *to order*

için *for, because of*
içki *alcoholic drink*
içmek *to drink, to smoke tobacco, to take medicine*
iğrenç *disgusting*
ihtilal *revolution*
ihtiyaç *need*
iki *two*
ikisi *both of them*
ilaç *medicine*
ilan *notice, advertisement*
ile *with*
ileride *further on*
ilgili (ile) *interested (in), to do with*
ilginç *interesting*
ilk *first*
ilk önce *first of all*
imdat *help, assistance, emergency*
inanılmaz *unbelievable*
inanmak (-e) *to believe*
inatçı *stubborn*
ince *fine, slim, graceful*
İngiliz *English* (nationality)
İngilizce *English* (language)
inmek (-den) *to get off, out of, to go/come down*
inşa etmek *to build*
inşallah *God willing, hopefully*
ip *string, thread*

İrlanda *Ireland*
İrlandalı *Irishman/woman*
ishal *diarrhoea*
İskoçyalı *Scottish* (people)
istakoz *crab*
İstanbullu *a person from Istanbul*
istek *request*
istemek *to want, to ask for*
İsveççe *Swedish* (language)
İsveçli *Swedish* (nationality)
iş *work*
iş adamı *businessman*
işçi *worker*
işte *here it is, voilà*
itiraf etmek *to confess*
itmek *to push*
iyi *good*
iyileşmek *to get better, to recover*
iyilik *goodness*
izin *permission, holiday from work*
izlemek *to follow*

jandarma *military police*
jeton *token*
jilet *razor*

kabuk *skin, shell*
kabul etmek *to agree (to)*
kaç *how much, how many*
kaçınmak (-den) *to avoid*
kaçırmak *to let get away, to miss*
kaçmak *to escape, run away*
kadar (-e) *until, as far as*
kadın *woman*
kafa *head*
kahretsin! *damn!*
kahve *coffee*
kahverengi *brown, coffee-coloured*
kalabalık *crowded*
kalamar *squid*
kale *castle*
kalem *pen*
kalite *quality*
kalkış *departure*
kalkmak *to get up, to depart*
kalmak *to remain, to stay*
kalp *heart*
kamyon *lorry*

kanamak *to bleed*
kapalı *closed, covered*
kapamak *to close*
kapatmak *to close*
kapı *door, gate*
kaprisli *capricious, changeable*
kar *snow*
kar yağmak *to snow*
kara *dark, black*
karakol *police station*
karamsar *pessimistic*
karanlık *black*
kardeş *brother or sister*
karın *stomach*
karınca *ant*
karışık *mixed, confused*
karışmak (-e) *to interfere (in)*
karıştırmak *to mix*
karides *prawn*
karşı (-e) *against*
kart *card*
kasadar *cashier*
kasım *November*
kaşık *spoon*
kaşkol *scarf*
kat *layer, level*
katılmak (-e) *to join, to participate in*
kavga etmek *to fight, to argue*
kavun *melon*
kayak yapmak *to ski*
kaybetmek *to lose*
kaybolmak *to be lost*
kayıt *recording*
kaza *accident*
kazak *coat*
kazanmak *to win, to earn*
K.D.V. *VAT*
kedi *cat*
kel *bald*
kenar *edge, shore*
kendi *self*
kere *time, occasion*
kereste *timber*
kesinlikle *definitely*
keşfetmek *to discover*
keşke *if only, I wish*
kırk *40*
kırmak *to break*

kırmızı *red*
kısa *short*
kıskanç *jealous*
kısmak *to reduce, to lower, to turn down*
kış *winter*
kıvırcık *curly*
kız *daughter*
kızdırmak *to annoy*
kızıl *red*
kızkardeş *sister*
kızmak (-e) *to be annoyed (with)*
ki! *!*
kibar *polite*
kibirli *proud, arrogant*
kilim *rug, kilim*
kilo *kilo*
kim *who*
kimse *no one*
kimyon *cumin*
kira *rent*
kiraya vermek *to rent out*
kirli *dirty*
kişi *person*
kitap *book*
klima *air-conditioning*
kol *arm*
kolay *easy*
komik *funny*
komşu *neighbour*
kontrol etmek *to check*
konuşkan *talkative*
konuşmak(ile) *to talk (to)*
korkmak (-den) *to fear, to be afraid of*
korkutmak *to scare, to make afraid*
koruyucu *protective*
kova *bucket*
koymak *to put*
koyu *dark-coloured*
köfte *meatball*
köprü *bridge*
köpürmek *to foam, to foam at the mouth*
kör *blind*
köşe *corner*
kötü *bad*
krem *cream*

kuaför *hairdresser*
kulak *ear*
kulakları çınlatmak *to make someone's ears burn*
kule *tower*
kullanış *usage*
kullanmak *to use*
kum *sand*
kurban *sacrifice*
kurmak *to establish, to found*
kurşun *lead*
kurtuluş *freedom, liberation*
kusura bakmayın *forgive me, I'm sorry*
kusursuz *faultless, perfect*
kutu *box, carton, tin*
kuvvetli *powerful, strong*
kuyruk *tail, queue*
kuzen *cousin*
küçük *small, young*
küfür etmek *to swear*
külot *panties, underpants*
külotlu çorap *tights*
kültür *culture*
küpe *earring*
Kürt *Kurd*
kütüphane *library*

lahmacun *a thin pizza-like snack*
lazım *necessary, needed*
lira *lira*
lokanta *restaurant*
Londralı *Londoner*
lüks *luxurious*

maalesef *unfortunately, I'm afraid not*
macera *adventure*
maceracı *adventurous*
macun *paste*
maç *sports match*
maden suyu *mineral water*
mahalle *district*
makine *machine*
makyaj *make up*
mamafih *however*
manav *greengrocer*
mantar *cork, mushroom*
manzara *view, panorama*
mart *March*

masa *table*
mavi *blue*
maydanoz *parsley*
mayıs *May*
mayo *swimming costume*
mazeret *excuse, reason*
mecbur *forced, compelled*
mektup *letter*
memnun *happy*
memur *official*
mendil *handkerchief*
merak etmek *to worry*
merhem *lotion, ointment*
merkez *centre of town*
mesaj *message*
meslek *job, profession*
meşgul *busy, occupied*
meşrubat *drink* (noun)
meydan *town or village square*
meyhane *tavern*
meyve *fruit*
meze *starter*
midye *mussel*
milli piyango *national lottery*
milliyet *nationality*
milyar *1,000,000,000*
milyon *1,000,000*
mimar *architect*
misafir *guest*
model *style, type*
motif *design, pattern*
mönü *menu*
muayene etmek *to examine*
mutfak *kitchen*
mutlaka *surely, definitely*
mutlu *happy*
muz *banana*
müdür *director, principal*
mülteci *refugee*
müsaade etmek *to permit*
müşteri *customer*
müttefikler *allies*
müze *museum*
müzisyen *musician*

nadiren *rarely*
nasıl *how*
ne *what*
ne kadar *how much*

ne ... ne ... *neither ... nor ...*
ne zaman *when*
nefret etmek (-den) *to hate*
nerede *where*
nereli *what nationality (where from?)*
neresi *whereabouts*
neşeli *cheerful*
neyse *well, ...*
nezle olmak *to have a cold*
nisan *April*
nohut *chickpea*
numara *number*

o zaman *then, in that case*
ocak *January*
oda *room*
oğul *son*
olay *event, occurrence*
oldu *right, OK, that's settled*
oldukça *quite*
olmak *to be, to become*
olumsuz *negative*
on *ten*
orada *there*
oralarda *thereabouts*
orası *there, that place*
orta *middle*
otel *hotel*
otogar *bus station*
oturmak *to sit, to live*
otuz *30*
oyun *play*

öbür *the other*
ödemek *to pay*
ödünç vermek *to lend*
öğle *midday*
öğrenmek *to learn, to find out*
öğrenci *student*
öğüt *advice*
öksürmek *to cough*
öksürük *cough*
öldürmek *to kill*
ömür *life*
ön *front*
önce *firstly, earlier, ago*
önemli *important*
önümüzdeki *the coming, next*
öpmek *to kiss*

örtmek *to cover*
öyle *like that*
özel *special, private*
özür dilemek (-den) *to apologize (to)*

pahalı *expensive*
palto *coat*
pamuk *cotton*
pansiyon *guest house*
para *money*
park etmek *to park*
parmak *finger*
parti *party*
pasaj *passage*
patates *potato*
patlıcan *aubergine*
pazar *Sunday*
pazarlama *marketing*
pazarlık yapmak *to bargain, haggle*
pazartesi *Monday*
pek *very, a lot*
perşembe *Thursday*
peyzaj *landscape*
pil *battery*
piliç *chicken*
pis *dirty*
pişirmek *to bake, to cook*
pişman olmak *to have regrets*
plaj *beach*
planlamak *to plan, to organize*
polis *policeman/woman*
politikacı *politician*
popo *bottom, bum*
portakal suyu *orange juice*
portre *portrait*
postalamak *to post*
postane *post office*
pratik *practice*
proje *project*
P.T.T. *post office*
pul *stamp*
püre *puree*

raf *shelf*
rahat *comfortable*
rahatsız etmek *to disturb*
rakam *figure, digit*
rakı *an alcoholic aniseed drink*

rastlamak (-e) *to meet by chance*
rejim *diet*
renk *colour*
renkli *colourful*
resim *picture*
ressam *painter, artist*
rica etmek *to request*
riya *hypocrisy, two-facedness*
ruh *spirit, soul, character*
ruj *lipstick*
rüya *dream*

saat *hour, clock, watch*
sabah *morning*
sabah sabah *early in the morning*
sabırlı *patient*
saç *hair*
saç kestirmek *to have a haircut*
saçma *nonsense*
sade *plain*
sadece *only*
sağ *right, well, alive*
sağ olun *thanks*
sağlamak *to provide, to ensure, to guarantee*
sağlık *health*
sahi *really, truly*
sahil *coast*
sakal *beard*
sakin *quiet, calm*
saklamak *to hide*
salata *salad*
saldırgan *violent*
salep *a hot semolina drink*
salı *Tuesday*
salon *room*
samimi *genuine, sincere*
sanat *art*
sanatçı *artist, actor*
sanayi *manufacturer, industry*
sandviç *sandwich*
saniye *second*
sanmak *to suppose, to think, to reckon*
sapmak *to turn*
sarhoş *drunk*
sarı *yellow, blonde*
sarmısak *garlic*
sataşmak (-e) *to harrass*

satıcı *salesman*
satılık *for sale*
satmak *to sell*
savaş *war*
savaşmak *to fight*
sayı *number, count*
Sayın ... *Dear ... (formal)*
saymak *to count*
sebze *vegetables*
seçmek *to choose*
sefer *time, occasion*
sekiz *eight*
seksen *80*
selam *hello*
sempatik *likeable*
sene *year*
serin *cool*
ses *sound, voice*
sessiz *quiet*
sevgilerle *with love*
Sevgili ... *Dear ... (informal)*
sevişmek *to make love*
sevmek *to like, to love*
seyahat *journey, travel*
seyretmek *to watch*
sezmek *to sense, to perceive*
sezon *season*
sıcak *hot*
sıfır *zero*
sığınmak *to take refuge, to shelter*
sık sık *often*
sıkıcı *boring*
sıkılmak (-den) *to get bored, to get fed up (of)*
sınav *exam*
sınavda kalmak *to fail an exam*
sınıf *class*
sıra *row, line, queue, turn*
sırt *back*
sigara *cigarette*
silah *gun*
silmek *to wipe*
sinema *cinema*
sinir *nerve*
sinirli *irritable*
siyah *black*
sizce *in your opinion*
soğuk *cold*
soğutmak *to make cool, to*

alienate
sohbet etmek *to chat*
sokak *street*
sokmak *to insert, to put in*
sol *left*
sonra *later*
sonsuz *endless*
sonuçta *in the end*
sormak (-e) *to ask (someone)*
sosis *sausage*
soyad *surname*
söylemek *to say, to sing*
söylenmek *to mutter*
spiker *announcer*
su *water*
sunmak *to present, to offer, to submit*
sunucu *compère, presenter*
susamak *to get thirsty, to be thirsty*
susmak *to be quiet*
süper *super*
sürdürmek *to continue, to keep on*
süre *period of time*
sürekli *continuously*
sürmek *to drive, to last, to rub, to spread*
sürpriz *surprise*
süt *milk*

şaka *joke*
şaka etmek *to joke*
şans *luck*
şapka *hat*
şarkı *song*
şarkı söylemek *to sing a song*
şart *condition, necessity*
şaşırmak *to be confused, to be amazed*
şato *castle*
şb. *see* şube
şef *boss*
şehir *city*
şeker *sugar, sweets*
şemsiye *umbrella, parasol*
şerefe *cheers*
şey *thing*
şikâyet *complaint*

şikâyet etmek *to complain*
şimdi *now*
şimdiki *current*
şimdilik *for the moment, for now*
şirket *company*
şişe *bottle*
şişmanlamak *to get fat*
şoför *driver*
şort *shorts*
şöyle *like, this, this way*
şubat *February*
şube *branch, office*

tabii *certainly, of course*
tada bakmak *to have a taste of, to sample*
tahin *sesame oil*
tahmin etmek *to guess*
takım *suit, team*
takım elbise *suit*
takip etmek *to follow, to pursue*
takmak *to attach, to fasten, to put on, to affix*
tam *exactly, full*
tamam *OK*
tane *item, piece*
tanımak *to know someone, to be acquainted with*
tanınmış *well-known, famous*
tanışmak *to meet for the first time*
tanıştırmak *to introduce (someone)*
taraf *side*
tarak *comb*
taramak *to comb*
tarif etmek *to describe*
tarih *date, history*
tarihçi *historian*
tarihi *historical*
tartışmacı *argumentative*
taşımak *to carry*
taşınmak *to move house*
tat *taste*
tatil *holiday*
tatlı *sweet*
tatsız *tasteless*
tava *fried*
tavsiye etmek *to suggest, recommend*

taze *fresh*
tedbirli *cautious*
tehlikeli *dangerous*
teklif *offer*
teklif etmek *to offer*
tekrar *again*
tekstil *textile*
telefon etmek *to telephone*
televizyon *television*
temiz *clean*
temizlemek *to clean*
temmuz *July*
terk etmek *to leave, to abandon*
terlemek *to sweat, to be too hot*
ters *opposite*
teslim etmek *to deliver*
teşekkür etmek *to thank*
teyp *tape*
teyze *aunt* (mother's sister)
tipik *typical*
traş *shave*
tişört *T-shirt*
toleranslı *tolerant*
top *ball*
toplamak *to tidy up*
toplanmak *to gather together,
   to meet*
toplantı *meeting*
torba *bag*
torun *grandchild*
tur *tour*
turuncu *orange*
tutmak *to keep, hold*
tuz *salt*
tüm *all, every, entire*
Türk *Turkish, Turk*
Türkçe *Turkish*

ucuz *cheap*
uçak *aeroplane*
uçuş *flight*
ufak *small*
ummak *to hope*
unutmak *to forget*
utangaç *shy*
utanmaz *shameless, impudent*
uyanık *alert, awake*
uyanmak *to wake up*
uygun *suitable*

uyruk *citizen*
uyumak *to sleep*
uzak *far*
uzatmak *to extend, to stretch*
uzun *long*

üç *three*
üf ya! *oh no!*
ülke *country*
üniversite *university*
ünlü *famous*
üstü *change, left-over money*
ütülemek *to iron*
üzeri *outer surface*
üzülmek *to be sorry*

vallahi *I swear it's true*
vapur *steam ferry*
var etmek *to create*
var olmak *to exist*
varlıklı *wealthy*
vay *well well*
ve *and*
vejetaryen *vegetarian*
vergi *tax*
vermek *to give*
viski *whisky*
voleybol *volleyball*
vurmak (-e) *to hit*

ya … ya … *either … or …*
yabancı *stranger, foreigner,
   strange, foreign*
yağ *oil, fat*
yağmur yağmak *to rain*
yakın *near*
yakışıklı *handsome*
yakışmak *to suit*
yakmak *to burn, to light*
yalan *lie*
yan *side*
yani *well, I mean …*
yanlış *wrong*
yanmak *to burn*
yalnız *alone*
yansımak *to be reflected*
yapımcı *producer*
yapışmak *to stick*
yapıştırmak *to stick something*
yapmak *to do*

yaratıcı *creative*
yaratmak *to create*
yardım etmek (-e) *to help (someone)*
yarım *half, half past midnight*
yarın *tomorrow*
yarısı *half of it*
yasak *forbidden*
yaş *age*
yaşamak *to live*
yaşlı *elderly, old*
yat *yacht*
yatak *bed*
yatırmak *to deposit*
yatmak *to go to bed, lie down*
yavaş *slow, slowly*
yavrum *darling, dear, honey*
yaya *pedestrian*
yaz *summer*
yazık *pity*
yazmak *to write*
yedi *seven*
yemek *food, meal, to eat*
yenge *uncle's wife*
yeni *new, recently, just now*
yer *place, the ground*
yerleşmek *to settle*
yerli *local, domestic (i.e. not foreign)*
yeşil *green*
yeterince *sufficient, enough*
yetimhane *orphanage*
yetişmek *to grow, to grow up*
yetmek *to be enough, to suffice*
yetmiş *70*
yıkamak *to wash*
yıkanmak *to wash yourself*
yıl *year*
yıldız *star*

yine *again, still*
yirmi *20*
yoğurt *yoghurt*
yok *there isn't*
yok canım *come off it!*
yok etmek *to get rid of*
yok olmak *to disappear*
yoksa *or else*
yol *way, road*
yolculuk *journey*
yorgun *tired*
yorulmak *to be tired, to grow tired*
yön *direction*
yumruk atmak (-e) *to punch*
yumurta *egg*
yurt *country*
yüksek *high, loud*
yürümek *to walk, to run*
yürüyerek *by walking, on foot*
yürüyüşe çıkmak *to go out for a walk*
yüz *100, face*
yüzme havuzu *swimming pool*
yüzmek *to swim*
yüzük *ring*

zaman *time*
zaman zaman *now and then, from time to time*
zannetmek *to reckon, to think*
zaten *anyhow, in any case*
zayıf *weak, slim*
zayıflık *weakness*
zeki *clever, intelligent*
zeytin *olives*
ziyaret etmek *to visit*
zor *difficult*

English–Turkish glossary

a, an bir
to be able to -ebil-
about için; *on the subject of* aşağı yukar; *roughly* yakında; *around here* buralanda; *about* x hakkında

above üstü, yukarı
to add up toplamak
to be afraid korkmak
after sonra
again yine, gene
against karşı

age yaş
ago önce
to agree anlaşmak
air hava
airplane uçak
all bütün, hep, hepsi
to allow izin vermek
also hem, de
always her zaman, hep
am -im [often omitted]
among arasında
and ve
anger kızgın
to be angry kızmak
animal hayvan
answer cevap
to answer cevap vermek
any hiç, herhangi
to appear görünmek
apple elma
April nisan
are -dirler [often omitted]
area semt, bölge
to argue tartışmak
arm kol
to arrange düzenlemek
to arrive gelmek
art sanat
as: like gibi; *because* çünkü; *as far as* kadar
to ask sormak
at -de
August ağustos

baby bebek
back sırt (*part of the body*); geri (*as in 'come back'*)
bad kötü, fena
ball top
band grup (*music*); şerit (*ribbon or cord*),
bank banka
bar: metal bar demir çubuk; *drinking place* bar
basic basit
bat sopa (*as in 'baseball bat'*); yarasa (*animal*)
to be olmak
bear ayı

to bear katlanmak
to beat: to hit dövmek; *to beat in a competition* yenmek
beautiful güzel
bed yatak
been idi
before önce, evvel
to begin başlamak
behind arkada
to believe inanmak
bell zil
best en iyi
better daha iyi
between arasında
big büyük
bird kuş
bit parça; lokma (*of food*)
black siyah
block: apartment block apartman
blood kan
to blow esmek (*wind*); *to puff* üflemek
blue mavi
board tahta (*as in blackboard*); *full board* tam pansiyon
boat kayık, sandal, gemi
body vücut
bone kemik
book kitap
to be born doğmak
both ikisi
bottom alt; kıç (*part of the body*)
box kutu
boy erkek çocuk
branch dal (*of tree*), şube (*of firm*)
bread ekmek
break: intermission ara
to break kırmak
bright parlak, aydınlık
to bring getirmek
broad geniş
broke beş parasız
brother erkek kardeş
brown kahverengi
to build inşa etmek
to burn yanmak
busy meşgul
but ama, fakat
to buy satın almak

by: *by the side* yanında; *nearby*
yakınında; -den

to call çağırmak; telefon etmek
(*on the phone*)
camp kamp
can (to be able to) -ebil-; (*tin*)
kutu
capital başkent (*city*); büyük harf
(*letter*)
captain kaptan
car araba
card kart
care dikkat
careful dikkatli
to carry taşımak
case: *situation* durum; *bag* çanta
cat kedi
to catch yakalamak
cause -tir-
centre: *town centre* merkez
century yüzyıl
certain emin, kesin
chair sandalye
chance: *luck* kısmet; *coincidence*
tesadüf; *opportunity* fırsat
change: *small change* bozuk para
to change değişmek
character karakter (*in a play*);
letter harf
chart çizelge
check: *restaurant bill* hesap;
money cheque çek
to check kontrol etmek
chief baş, ana
child çocuk
to choose seçmek
circle daire
city şehir, kent
class sınıf
clean temiz
clear açık
to climb tırmanmak
clock saat
close *near* yakın
to close kapatmak
clothes giysi; *dirty clothes*
çamaşır
cloud bulut
coast sahil, deniz kenarı

coat palto
cold soğuk
to collect toparlamak
colour renk
column direk
to come gelmek
company (*firm*) şirket
to compare kıyaslamak
competition yarışma
complete tam, tamam
to complete tamamlamak
condition: *state* durum
to connect bağlamak
to consider göz önünde tutmak
consonant sessiz harf
to continue devam etmek
control otorite
cook (*chef*) aşçı
to cook: *to do the cooking* yemek
yapmak; *to cook something*
pişirmek
cool serin
copy kopya
corn mısır
corner köşe
correct doğru
to cost fiyat, tutmak
cotton pamuk
to count saymak (*numbers*); *to*
matter sayılmak
country (*nation*) ülke; *provinces*
taşra
course kurs (*of study*); *track* yol
cover *lid* kapak; *table cover* örtü
cow inek
to create yaratmak
crop ekin, ürün
cross *angry* kızgın
to cross (*a road*) geçmek
crowd kalabalık
cry ağlamak (*tears*),
to cry out bağırmak
current şimdiki
to cut kesmek

dad baba
dance dans, oyun
to dance dans etmek, oynamak
danger tehlike
dark karanlık, koyu (*colour*)

day gün
dead ölü, ölmüş
dear sevgili
death ölüm
December aralık
to decide karar vermek
deep derin
degree derece (*temperature or extent*)
to depend bağlı olmak
to describe tanımlamak
desert çöl
to design dizayn etmek, planlamak
determined azimli
to develop geliştirmek
dictionary sözlük
to die ölmek
difference fark
different farklı, ayrı, başka
difficult zor
direct direkt, doğru
distant uzak
division bölme (*maths*), bölüm (*of firm*)
to do yapmak
doctor doktor
dog köpek
dollar dolar
done olmuş, tamam
door kapı
double iki kat
down aşağı
to draw çizmek (*a picture*); *to pull* çekmek
dream rüya
dress frock elbise; *clothing* giysi
to get dressed giyinmek
to drink içecek, meşrubat, içmek
to drive (a car) araba sürmek
drop damla (*of water*)
to drop (something) düşürmek
dry kuru
duck ördek
during boyunca

each her
ear kulak
early erken
earth: land, soil toprak; *world*

dünya
east doğu
easy kolay
to eat yemek
edge kenar
effect etki
egg yumurta
Eid Bayram (*religious holiday*)
eight sekiz
either ya ...
electric elektrik
else ayrıca, başka
end son, uç
to end bitirmek
enemy düşman
energy enerji
engine motor
enough yeter
to enter girmek
entry giriş
equal eşit
especially özellikle
even: straight düz; *equal* eşit; bile (*as in 'even you!'*)
evening akşam
event olay
ever hep
every her
exact tam
example örnek
except hariç
to excite heyecanlandırmak
exercise (practice) alıştırma
to expect beklemek
experience deneyim
to experiment deney yapmak
eye göz

face yüz
fair: upright dürüst; *lovely* şirin; *fair-skinned* beyaz tenli
fall (autumn) sonbahar
to fall düşmek
family aile
famous meşhur
far uzak
farm çiftlik
fast çabuk, hızlı
fat şişman (*not slim*), yağ (*fat on meat*)

father baba
favour iyilik
fear korku
to fear korkmak
February şubat
to feed beslemek
to feel hissetmek; to touch
  dokunmak
few az
field tarla
fig incir
fight kavga, mücâdele
to fight savaşmak
to fill doldurmak
final en son, final (competition)
to find bulmak
fine güzel, iyi
finger parmak
finish son
to finish bitirmek
fire yangın, ateş
first ilk, birinci
fish balık
fit sağlıklı
to fit uymak
five beş
flat: apartment daire; straight düz
floor taban (not ceiling); kat (as
  in '1st floor')
to flow akmak
flower çiçek
fly sinek
to fly uçmak
to follow takip etmek, izlemek
food yemek
foot ayak
for için, -e
foreign yabancı
forest orman
form form
forward ileri
found bulunmuş
four dört
free serbest; free of charge bedava
fresh taze
Friday cuma
friend arkadaş, dost
from -den
front ön
fruit meyve

full dolu, tam
fun eğlence (noun), eğlenceli
  (adjective)
funny komik

game oyun
garden bahçe
gas gaz; petrol benzin
to gather (to collect) toplamak
general genel
gentle uysal, kibar
to get almak
girl kız
to give vermek
glad memnun
glass cam
to go gitmek
gold altın
gone gitmiş
good iyi
grand büyük
grass çimen
great büyük, kocaman, çok iyi
green yeşil
grey gri
ground yer; ground floor zemin
  kat
group grup, takım
grow büyümek
to guess tahmin etmek
guide rehber, kılavuz
gun silah

hair saç
half yarım, buçuk
hand el
to happen olmak
happy mutlu
hard sert (not soft); difficult zor
hat şapka
to have: to own sahip olmak; to
  hold tutmak
he o
head kafa
to hear duymak
heart kalp
heat sıcaklık
to heat something ısıtmak
heavy ağır
help yardım
to help yardım etmek

her onun
here burads, buraya
high yüksek
hill tepe
him onu, ona
his onun
history tarih
to hit vurmak
to hold tutmak
hole delik
home ev
hope ümit
horse at
hot sıcak
hour saat
house ev
how nasıl, ne gibi
huge kocaman
human insan
hundred yüz
to hunt avlamak
to hurry acele etmek
husband koca

I ben
ice buz
idea fikir
if eğer, -se
imagine hayal etmek
in -de, içinde
inch use santimetre *instead*
included dahil
to indicate göstermek
industry endüstri
insect böcek
interesting ilginç
to invent icat etmek
iron demir (*the meta*l), ütü (*the household implement*)
is -dir [often omitted]
island ada
it o

January ocak
job iş; *profession* meslek
to join katılmak
joy keyif
July temmuz
to jump atlamak
June haziran

just: only sadece; *just now* ancak

to keep hold of tutmak
key anahtar
to kill öldürmek
kilometre kilometre
kind type çeşit; *pleasant* hoş
king kral
to know bilmek

lady kadın, hanımefendi
lake göl
land toprak
language dil
large büyük
last son; geçen (*as in 'last week'*)
late geç (*not on time*)
to laugh gülmek
law hukuk, kanun
to lead yönetmek
lead-free kurşunsuz
to learn öğrenmek
least en az
to leave gitmek, terk etmek
left sol (*not right*)
leg bacak
length uzunluk
less daha az
let: to let izin vermek (*someone do something*); kiralık (*for hire*)
letter mektup; harf (*alphabet*),
level düz (*flat*)
life hayat
lift asansör (*in a building*)
to lift kaldırmak
light ışık (*electric*); hafif (*not heavy*); açik (*colour*)
like gibi
to like sevmek
line queue sıra; çizgi (*in a drawing*)
liquid likit
list liste
to listen dinlemek
little küçük; *a little* az
to live yaşamak, oturmak
lone yalnız
long uzun
look bakın
to look bakmak

lost kaybolmuş
lot çok
loud yüksek sesle
love aşk
to *love* sevmek
low düşük

machine makine
main ana
make marka (*of car etc.*)
to *make* yapmak
man erkek, adam
many çok
map harita
March mart
market pazar, çarşı
to *master (learn)* öğrenmek
match kibrit (*as in 'box of matches'*); maç (*football*)
to *match* uymak
material madde; kumaş (*cloth*)
to *matter* önemli olmak
may -ebil-
May mayıs
me beni, bana
mean (miserly) cimri
to *mean* demek istemek
meat et
to *meet* karşılaşmak
melody melodi
metal metal
method metod
middle orta
might -ebil-
mile use kilometre *instead*
milk süt
million milyon
mind akıl
to *mind* dikkat etmek
mine benim
minute dakika
Miss Hanım
to *mix* karıştırmak
mobile phone cep telefonu
modern modern, çağdaş
moment an
Monday pazartesi
money para
month ay
moon ay

more daha
morning sabah
most çoğu, en çok
mother anne
motion hareket
mountain dağ
mouth ağız
move hareket etmek
much çok
music müzik
must şart
my benim

name isim
nation millet
natural doğal, natürel
nature doğa
near yakın
necessary gerekli, lazım
neck boyun
need ihtiyaç
neighbour komşu
never hiç
new yeni
next sonraki; gelecek (*as in 'next week'*)
night gece
nine dokuz
no hayır, yok
noise gürültü
noon öğle
north kuzey
nose burun
note not
nothing hiçbir şey, hiç
noun isim, ad
November kasım
now şimdi
number sayı, rakam, numara
number rakam, sayı
nurse hemşire

object obje
occur olmak
ocean okyanus
October ekim
of -den, -nin, -li
off -den
offer teklif
office büro, ofis
often sık sık

oh aaa
oil yağ, petrol
old eski
on -de, üstünde
once bir kere
one bir
only sadece
open açık
to open açmak
operation (surgical) ameliyat
opposite karşı
or veya
order, to put in düzenlemek
original orijinal
other diğer, başka
our bizim
out, outside dışarı
over üzeri
own: self kendi; on my own tek
  başıma
to own see to have
oxygen oksijen

page sayfa
paint boya
to paint boyamak; resim yapmak
  (a picture)
pair çift
paper kâğıt
paragraph paragraf
part parka; area kısım
to part ayırmak
particular belirli
party eğlence (as in 'birthday
  party'); parti (political)
to pass geçmek
past geçmiş
path yol
pattern örnek, motif
pay (wage) maaş
to pay ödemek
penny kuruş
people halk, insanlar
perhaps belki
period süre (of time); regl
  (menstruation); nokta (full stop)
person insan
pick: to choose seçmek; to pick
  up toplamak; to pick flowers
  koparmak

picture resim
piece parça
place yer
plain sade
plan plan
to plan planlamak
plant bitki
play oyun
to play oynamak
please lütfen
plural çoğul
poem şiir
point (dot) nokta
to point göstermek
poor fakir
population nüfus
port liman
position yer, konum
possible mümkün
post (postal service) posta
to post a letter postalamak
pound sterlin (sterling); use kilos
  for weight
power güç, kuvvet
practice pratik
prefix önek
to prepare hazırlamak
present: gift hediye; the present
  tense şimdiki zaman
to press basmak
pretty güzel; quite bayağı
to print basmak
probable muhtemel
problem problem
produce ürün
to produce üretmek
property: belongings eşya; real
  estate emlâk
to prove kanıtlamak
to provide sağlamak
to pull çekmek
to push itmek
to put koymak

quarter çeyrek
question soru
queue kuyruk
quick çabuk
quiet sakin, sessiz
quite bayağı

race yarış
radio radyo
railway demiryolu
rain yağmur
to rain yağmur yağmak
to raise: to raise up yükseltmek;
   to raise a child büyütmek
rather bayağı, oldukça
to read okumak
ready hazır
real gerçek, hakiki
reason sebep
to receive almak
record kayıt, dosya
red kırmızı
region bölge
remember hatırlamak
to repeat tekrarlamak
reply cevap
to reply cevap vermek
to be required gerekmek
to rest dinlenmek
result sonuç
rich zengin
to ride binmek (a bicycle or
   horse)
right sağ (not left); correct doğru
ring yüzük (as in 'wedding ring')
to rise yükselmek
river nehir, ırmak
road yol
rock kaya, taş
to roll yuvarlanmak
room oda
rope ip
rose gül
round yuvarlak
row: line sıra; argument kavga
to rub ovmak
rule kural
to rule yönetmek
to run koşmak

safe sağlam
to sail gemiyle gitmek
salt tuz
same aynı
sand kum
Saturday cumartesi
to save (rescue) kurtarmak

to say söylemek, demek
school okul
science bilim
score skor (football)
to score a goal gol atmak
sea deniz
to search aramak
season mevsim
seat koltuk
second ikinci
section kesit
to see görmek
seed tohum
to seem görünmek
to select seçmek
self kendi
to sell satmak
to send göndermek
sense duygu, duyu
sentence cümle
separate ayrı
September eylül
to serve hizmet etmek, servis
   yapmak
set (group) takım
to set, to put koymak
seven yedi
several birkaç
shall -ecek
shape şekil
to share paylaşmak
sharp keskin
she o
sheet çarşaf, kağıt
shell kabuk
to shine parlamak
ship gemi
shoe ayakkabı
shop dükkân, mağaza
shop dükkân
to shop alışveriş etmek
shopping alışveriş
shore sahil
short kısa
shoulder omuz
to shout bağırmak
to show göstermek
show gösteriş
side yan, taraf, kenar
sign işaret

signature imza
silent sessiz
silver gümüş
similar benzer
simple basit
since -den beri
to sing şarkı söylemek
single (unmarried) tek, bekâr
sister kızkardeş
to sit oturmak
six altı
size beden, numara
skill yetenek
skin deri
sky gök
to sleep uyumak
to slip (slide) kaymak
slow yavaş
small küçük
smell koku
to smile gülümsemek
snow kar
so: that much o kadar; *like that*
    öyle
soft yumuşak
soil toprak, arazi
soldier asker
solution çözüm
to solve çözmek
some: a little biraz; *a few* birkaç
son oğul
song şarkı
soon yakında
sound ses
south güney
space yer, boşluk
to speak konuşmak
special özel
speech konuşma
speed hız
to spell harflemek
to spend harcamak (*money*),
    geçirmek (*time*)
spot nokta
to spread: to spread out yaymak;
    to smear sürmek
spring ilkbahar (*season*)
square kare
to stand ayakta durmak
star yıldız

start başlangiç
to start başlamak
state durum (*condition*); devlet
    (*government*)
station istasyon (*train*); gar (*bus*);
    karakol (*police*)
to stay kalmak, durmak
steam buhar
steel çelik
step adım
stick (rod) çubuk
to stick (glue) yapıştırmak
still sakin (*not noisy*); *even now*
    hâlâ
stone taş
stop durak
to stop durmak
store dükkân, mağaza
story hikâye
straight düz, doğru
strange acayip
stranger yabancı
stream dere
street sokak, cadde
to stretch germek
string ip
strong güçlü
student öğrenci
to study ders çalışmak
subject konu
substance madde
to subtract çıkarmak
success başarı
such (like this) böyle
sudden ani
suffix sonek
sugar şeker
to suggest önermek, teklif etmek
suit takım elbise
to suit yakışmak
summer yaz
sun güneş
Sunday pazar
supply sağlama
to support to prop up
    desteklemek; tutmak (*a sports
    team*)
sure emin
surprise sürpriz, hayret
to swim yüzmek

syllable hece
system sistem

table masa
tail kuyruk
to take almak
to talk konuşmak
tall uzun boylu
to teach öğretmek, ders vermek
team takım
tell söylemek, anlatmak
temperature sıcaklık
ten on
test test, deneme
to test kontrol etmek
than -den
thank teşekkür
to thank teşekkür etmek
that o, şu
their onların
them onları, onlara
then: at that time o zaman; after that ondan sonra
there orada, oraya
these bunlar
they onlar
thick kalın
thin ince, zayıf
thing şey
things (possessions) eşya
to think düşünmek
third üçüncü
this bu
those onlar
though yine de
thought fikir, düşünce
thousand bin
three üç
through arasından, -den
to throw atmak
Thursday perşembe
thus böyle
tie kravat
to tie bağlamak
time saat, zaman, vakit, defa
tiny minik
to be tired yorulmak
tyre lâstik
to -e
together beraber

too: too much fazla; also de
tool alet
tooth diş
top üst
total toplam
to touch dokunmak
toward -e doğru
town kent, şehir
track iz (footprint); hat (route)
trade ticaret
train tren
travel yolculuk
to travel yolculuk etmek
tree ağaç
triangle üçgen
trip gezi, seyahat
trouble sıkıntı
truck kamyon
true gerçek, hakiki
to try denemek
tube boru; subway tünel
Tuesday salı
turn dönüş
to turn dönmek
twenty yirmi
two iki
type tip, tür

under altında, altına
until -e kadar
up yukarı
us bizi
to use kullanmak
usual her zamanki

valley vadi
value değer
to vary değişmek
verb fiil
very çok
view bakış
village köy
visit ziyaret
to visit ziyaret etmek
voice ses
vowel sesli harf

to wait beklemek
to walk yürümek
wall duvar
to want istemek

war savaş
warm ılık
to warm something ısitmak
was idi, -di
to wash yıkamak
watch saat
to watch seyretmek
water su
wave dalga
to wave el sallamak
way yol
we biz
to wear giymek
weather hava
Wednesday çarsamba
week hafta
weight ağırlık
well iyi; *healthy* sağ
went gitti
were idi, -di
west batı
what ne
wheel tekerlek
when ne zaman, -ince
where nerede; *where to* nereye
whether eğer
which hangi
while -ken
white beyaz
who kim
whole bütün
whose kimin

why niçin, neden
wide geniş
wife eş
to win kazanmak
wind rüzgâr
window pencere
wing kanat
winter kış
wire tel
wish dilek
to wish dilemek
with ile
woman kadın
to wonder merak etmek
wonderful harika
wood tahta
word kelime
work iş
to work çalışmak
world dünya
to write yazmak
written yazılı
wrong yanlış

year yıl, sene
yellow sarı
yes evet
yet not yet henüz; *though* yine de
you sen (*friendly*); siz (*formal*)
young genç
your senin, sizin

Index of language points

adjectives **5, 203, 216**
adverbs **190**
agglutination **xii**
alphabet **xiii**
article, definite **29**
article, indefinite **18**

be, to
    present **14**
    past **57**
    future **73**

birbiri 188
buffer letters **16, 108**

can **102**
causatives **185**
-ce **107**
commands **27**
comparing **104**
conditional
    first **133**
    second **214**

third **215**
consonant changes **31**

-de **28, 75**
direct object **29, 60**
değil **5**
-den **28, 61, 75, 93, 120**
-den beri **136**
-den önce **150**
-di **57**
-dik **159, 161, 173, 174**
-dikten sonra **149**
-dir **93, 136, 185**

-e **28, 60, 62, 75, 92, 120**
-e- **103**
-ebil- **102, 104**
-ecek **71, 162, 173, 174**
-ecekti **201**
-elim **105**
-en **90, 160**
-er . . . mez **216**
-erek **92**
-eyim **105**

future **71**

-gi **204**

-i **29, 46, 59, 60, 120, 205**
için **61**
ile **73, 93**
-il- **199**
-in **27, 204**
-in- **199**
-ince **149**
infinitive, long **32, 118**
infinitive, short **118, 174**
intensive adjectives **164**
intransitive verbs **187**
-ip **163**
-ir- **185**
-iş **175**
-iş- **189**
-it- **186**
-iyor present tense **42, 45**
-iyordu **172**

kadar **137**
-ken **150**
kendi **202**
keşke **216**

-ki **106**
-le **74, 93**
-le- **151**
-ler **3**
-leş- **151**
-li **47, 74**
-lik **123**
loan words **117, 132**

-me **28**
-mek **32, 118**
-meli **122**
mi **4**
might **104**
-miş **147**
-mişti **173**
-miştir **149**
must **122**

-n- **108**
nouns
    compound **59, 119**
    formation of **123, 175, 203, 216**
numbers **xviii, 6, 16**

olmak **73, 92, 122**

participles
    present **90, 160**
    past **159, 160, 173, 174**
    future **162, 173, 174**
passives **199, 203**
past continuous tense **172**
past tense **57, 58**
personal pronouns **14, 15, 30, 46**
plurals **3, 117**
possessives **8, 46, 120**
prepositions of place **75**
present tense
    continuous (-iyor) **42, 45**
    aorist (-r) **88, 90, 135**
proper nouns **31**

-r present tense **88, 90, 135**
-r -maz **216**
reciprocal verbs **189**
reflexive verbs **202**
relative clauses **90, 159, 160**
reported speech **147, 173**

-se   135
-sene   73
-seydi   214
-si   46, 60, 108
-sin   105
-siz   47
stress   xv, 44, 119, 243

-t-   185
time   59, 77
transitive verbs   187

used to   184

var   5, 175
vowel harmony   xii, 3, 4, 14, 241
vowels   xiv

word order   xii, 27, 62, 242

-y-   16, 108
yok   5, 175